ISABEL BARCELÓ CHICO
ALEJANDRO LILLO BARCELÓ

**DESTINO everest**

# VALENCIA Y SU PROVINCIA

## MUCHO MÁS QUE LUZ Y MAR

D1731903

## CÓMO USAR ESTA GUÍA

Este libro pretende guiarte en tu visita a la provincia de Valencia, dándote las claves necesarias para que tu viaje sea lo más cómodo y fructífero posible.

Para ello se ha establecido una división en tres grandes apartados:

• Una **introducción** en la que encontrarás una aproximación a los aspectos principales de la zona (naturaleza, historia, arte, gastronomía, artesanía, fiestas, tradiciones...).

• Cuatro **rutas por la capital** que te llevan a los principales espacios monumentales y de ocio de la ciudad del Turia.

• Seis **rutas por la provincia** para recorrer toda su geografía deteniéndose en las localidades principales y en los más destacados espacios naturales.

Cada ruta incluye un plano o mapa, información práctica y cuadros con recomendaciones y datos de interés.

## SIMBOLOGÍA

 Naturaleza y ecología

 Historia y arte

 Gastronomía y artesanía

 Fiestas y tradiciones

 Ruta por la capital

 Ruta por la provincia

 Visita o actividad recomendable

 Información adicional y curiosidades

# PRÓLOGO | VALENCIA

*A Isabel Zarzuela y Rafa Lillo*
*por su compañía y su infinita paciencia*

Situada en el centro geográfico de la Comunidad Valenciana, la provincia de Valencia entronca con la meseta castellana por el interior y disfruta de una amplia fachada abierta al mar Mediterráneo. Su naturaleza pródiga, el clima benigno y la conexión íntima con el *mare nostrum* ha favorecido desde la prehistoria el florecimiento de diversos pueblos y sus formas peculiares de cultura. La existencia de pinturas rupestres, poblados ibéricos, asentamientos romanos, restos visigodos, islámicos y, por último, cristianos, dan testimonio del transcurrir del tiempo histórico y sus avatares.

Muestra de la diversidad y riqueza de su patrimonio cultural es la coexistencia de dos lenguas, la valenciana y la castellana, distribuidas territorialmente a tenor de las fronteras entre reinos, siempre cambiantes hasta que, en el siglo XIX, se trazaron los límites de las provincias. Así, los habitantes de comarcas fronterizas como la de Requena-Utiel, son castellanoparlantes, mientras en otras la lengua vernácula es el valenciano. Si cada lengua refleja una concepción específica del mundo, hemos de reconocer a la sociedad valenciana una riqueza plural que se traduce, también, en las costumbres, fiestas, tradiciones y gastronomía.

En la confección de esta guía hemos querido reflejar esta realidad sociológica y sus peculiaridades. No debe extrañar, por tanto, encontrar unos topónimos en valenciano y otros en castellano. No es descuido ni capricho de los autores, sino respeto hacia la lengua de sus habitantes y voluntad de orientar mejor a los viajeros: consignamos los nombres tal como los hallarán señalizados cuando se adentren en este territorio fascinante y no demasiado conocido.

Valencia y su provincia están asociadas, en la memoria de muchos españoles, a aquellas viejas canciones que hablaban de ella como la «tierra de las flores, de la luz y del amor», vinculadas al mito del «Levante feliz» y sus ubérrimas huertas. Un tópico de reminiscencia decimonónica sustituido, en los últimos años, por otro no menos superficial que la reduce a un mero paraíso de sol y playa. La vida de los valencianos ha sido tan dura y afanosa como la del resto de pueblos de nuestro país y se ha forjado en las dificultades tanto como en los éxitos. De su lucha cotidiana, sus conflictos y sus logros han quedado huellas luminosas, esclarecedoras de lo que ha sido y es su población: una sociedad en constante transformación, punto de encuentro –y de confrontación– de diversas culturas, cultivadora de tradiciones de raíces milenarias y, al mismo tiempo, receptiva e innovadora.

Su amplio y extenso patrimonio paisajístico, cultural y artístico, material e inmaterial, está disponible para ser disfrutado por quienes deseen acercarse a él sin prejuicios y descubrir quienes son los valencianos. La experiencia nos enseña que del conocimiento del *otro* nace el respeto, condición necesaria para la convivencia en armonía. Nos daremos por satisfechos si con el presente trabajo contribuimos a que se conozca, se ame y se comprenda mejor esta tierra.

**Isabel Barceló Chico**
**Alejandro Lillo Barceló**

**VALENCIA
Y SU PROVINCIA**

Naturaleza y ecología
Historia, arte y cultura
Gastronomía y artesanía
Fiestas y tradiciones

## NATURALEZA Y ECOLOGÍA

Situada al este de la Península Ibérica, la provincia de Valencia tiene una superficie de 10.763 km$^2$ y una población de 2.402.582 habitantes, de los que más de la mitad viven en el área metropolitana de la capital. Limita al este con el mar Mediterráneo, al norte con las provincias de Castellón y Teruel, al oeste con las de Cuenca y Albacete, y al sur con la de Alicante. Está ceñida por las estribaciones del Sistema Ibérico al que pertenecen la Sierra Calderona, las sierras del Ave, Martés, Corbera, Les Agulles y la montaña de Les Raboses de Cullera, y las estribaciones del Sistema Bético con la Serra Grossa, Gallinera, Buixcarró, La Safor,

Benicadell y Mariola. La provincia puede definirse, por tanto, como una fachada mediterránea apoyada en los montes, atravesada por las importantes cuencas de los ríos Turia, Júcar (Xúquer) y sus ríos tributarios, y caracterizada por dos paisajes de acusados contrastes: el litoral y la montaña. Alta densidad de población y suave clima invernal caracterizan el litoral, con temperaturas medias de entre 9 y 10 ºC en enero y en torno a los 26 ºC en

*La naturaleza valenciana ofrece múltiples oportunidades para la práctica de deportes al aire libre.*

*Playa de Cullera*

agosto. En el interior, la tasa de población es reducida y su clima continental produce temperaturas medias que no superan los 6 ºC en enero y los 23 ºC en agosto.

Desde el punto de vista de los bienes naturales, este contraste dota a la provincia de Valencia de una extraordinaria variedad y riqueza medioambiental y paisajística, además de posibilitar la práctica de actividades deportivas, de ocio y tiempo libre que, dada la proximidad y buena comunicación entre comarcas costeras y del interior, resultan compatibles y complementarias.

Sus más de 100 kilómetros de playa han convertido esta provincia en un hito del panorama turístico europeo, tanto por la excelente calidad de muchas de ellas, que han obtenido el distintivo de bandera azul otorgado por la Unión Europea (22 en 2006), como por las instalaciones y servicios que ofrecen, adaptados a todos los gustos y economías. La fina arena de las playas de Canet d´En Berenguer y de Sagunt, las ubicadas en El Puig, la Pobla de Farnals, Massamagrell, Meliana y Alboraia –muy cercanas a la capital–, o en Valencia, así como las preferidas por el turismo internacional en Sueca, Cullera, Gandia u Oliva, son buena muestra de ello.

Esta oferta se enriquece notablemente con la de turismo interior, más desconocida pero no menos interesante, ya que en cada comarca y rincón de la provincia hay parajes de gran belleza y tranquilidad. Así, entre Puzol y Sagunt está la Marjal del Moro; la comarca de Los Serranos, una de las más agrestes y montañosas de la provincia, resulta muy atractiva para los

**Fauna de los espacios naturales valencianos**

1. *Águila real*
2. *Martín pescador*
3. *Cabra montés*

amantes del senderismo y los deportes al aire libre. Otro tanto podríamos decir de El Rincón de Ademuz, en la que se encuentra la cumbre del Calderón (1.839 metros), el pico más alto de la Comunidad Valenciana. La comarca de la Hoya de Buñol cuenta con zonas de montaña de marcado interés natural y forestal, como la Sierra del Ave en Dos Aguas o la de Malacara entre Siete Aguas y Buñol, así como numerosos ríos y fuentes que crean en su entorno frondosos paisajes palpitantes de verdor y vida. En el Valle de Ayora está el macizo de El Caroig, el embalse de Embarcaderos junto a Cofrentes, donde se practican deportes acuáticos y de aventura, y la Reserva Nacional de Caza de la Muela de Cortes, hábitat de la cabra hispánica y de gran variedad de especies de aves. La comarca de la Canal de Navarrés, compartiendo con la anterior el macizo de El Caroig, se distingue especialmente por su singularísima serie de cuevas

y abrigos prehistóricos con pinturas rupestres. Uno de los valores más destacables desde el punto de vista de los amantes de la naturaleza y del mundo rural es que aún en la actualidad pueden hallarse infinidad de rincones prácticamente inexplorados. Junto a este patrimonio en buena medida aún por descubrir, la provincia de Valencia cuenta con cinco grandes parques naturales.

Ubicado entre las provincias de Castellón y Valencia, el **Parque Natural de la Sierra Calderona** separa las cuencas de los ríos Palancia y Turia y, con sus más de seiscientos kilómetros cuadrados que afectan a las comarcas del Camp de Morvedre, Camp de Túria y L'Horta Nord, constituye uno de los parajes naturales más entrañables y valiosos de la Comunidad Valenciana. Sobre el origen de su nombre, cuenta la leyenda que María *la Calderona* –actriz de teatro y favorita de Felipe IV–, fue obligada por el Conde Duque de

Olivares a entrar en un convento. María, desobedeciendo la orden, huyó de Madrid llegando hasta las inmediaciones del monasterio de Santo Espíritu, cerca de Gilet. Allí, en el collado que separa las peñas de Guaita y Espartal, dicen que se asentó María, conviviendo con los salteadores de caminos que poblaban por entonces la sierra y llegando incluso a convertirse en su líder. La fama que alcanzaron ella y sus secuaces dio lugar a que la sierra recibiera el nombre de La Calderona. Su reputación fue tan mala que los habitantes de la zona

*Arriba, flora de la Sierra Calderona*

aún rechazan los abusos económicos empleando la expresión «a robar, a la Calderona». La cercanía del mar propicia que los vientos de levante le trasmitan su humedad en forma de escarcha y brumas, produciendo suelos húmedos repletos de chopos y sauces. Numerosas fuentes de caudal humilde afloran entre alcornoques y pino blanco, lentiscos, madroño, zarzaparrilla, madreselva, romero, brezo y coscoja. La diversidad de ambientes admite una fauna muy variada, con especies de gran interés. Junto a rapaces como el águila culebrera o perdicera, el azor o el ratonero común, hallamos mamíferos como el jabalí, el gato montés, los zorros y las jinetas; entre los reptiles y anfibios, están el galápago leproso, la salamanquesa rosada, el lagarto ocelado –uno de los mayores de Europa– y distintas variedades de serpientes.

*Los* cuchillos *del Cabriel*

Algo más al interior, actuando como límite natural entre Castilla-La Mancha y Valencia, está el **Parque Natural de las Hoces del Cabriel**. A su paso por los términos municipales de Villargordo del Cabriel, Venta del Moro y Requena, el río Cabriel ha labrado una peculiar orografía de la que destaca una espectacular cresta vertical, convirtiendo este lugar en uno de los parajes más pintorescos y de mayor interés medioambiental de la provincia. Allí, junto a los profundos y densos bosques de chopos, sauces y pino blanco –con la presencia puntual de carrascas y robles valencianos– se puede disfrutar de escaladas, excursiones, pesca, deportes de aventura y distintas actividades de esparcimiento recreativo, así como gozar observando a los animales: nutria, cangrejo autóctono, madrilla del Xúquer, garza, mirlo acuático y martín pescador, en las inmediaciones del río; tejón, gato montés, lirón careto y cabra montés en las zonas más escarpadas y agrestes y, sobrevolán-

*Nutria*

dolo todo, águilas perdiceras, águilas reales y culebreras, azores, gavilanes, lechuzas, chotacabras y halcones peregrinos.

El **Parque Natural de la Sierra de Mariola**, a caballo entre las provincias de Alicante y Valencia, ocupa gran parte del término municipal de Bocairent. Cubierta por bosques de pino carrasco, enebros, zarzas, endrinos y rosales silvestres, acoge especies como el pinzón, la perdiz, el petirrojo, el halcón peregrino, el gavilán, el azor o el buitre leonado, entre las aves, y el conejo, el gato salvaje, la comadreja, el tejón, el zorro o el jabalí, entre los mamíferos. Además de ser un excepcional mosaico de los ecosistemas y paisajes de la media montaña mediterránea, es famosa por las propiedades aromáticas y medicinales de sus más de mil doscientas especies de plantas catalogadas. Esta riquísima variedad en la flora, que incluye salvia, romero, tomillo, rabo de gato, manzanilla borde, fresnillo, piperela, espliego, santonica, hipérico y té de roca, es utilizada con fines gastronómicos, farmacéuticos y cosméticos.

En cuanto al litoral, ya en la antigüedad existía un cordón de zonas húmedas para-

## EL PARQUE NATURAL DE LAS HOCES DEL CABRIEL

El río Cabriel, afluente del Xúquer, separa durante un largo tramo la Comunidad Valenciana de la castellano-manchega. En las llamadas **Hoces del Cabriel,** Parque Natural desde junio de 2005, crecen bosques de chopos y sauces así como una interesante fauna que incluye aves rapaces, nutrias y cangrejos autóctonos, entre otras especies. Se accede a un tramo por Villargordo del Cabriel, desde donde puede bajarse en coche hasta la misma orilla del cauce. Más accesible es, en cambio, el **Parque de la Naturaleza de Fauna Ibérica,** en la A-3 salida de El Rebollar, a 12 kilómetros de Requena. Situado al pie de la sierra de las Cabrillas, se trata de un área de bosque mediterráneo y fauna ibérica vallado y recorrido por un sendero de 1.600 metros perfectamente señalizado.

En estas dos páginas: diferentes
vistas de la Albufera

lelas a la costa. Con frecuencia, las antiguas bahías quedaban aisladas del mar a causa de barreras –llamadas restinga– formadas por las arenas que depositaban las corrientes. Ejemplo de estas formaciones es el **Parque Natural de la Albufera**, a no más de once kilómetros al sur de la ciudad de Valencia, con 21.000 hectáreas de superficie. En su perímetro se encuentran cuatro grandes ambientes: por un lado, la citada restinga, formada por un cordón de dunas colonizado por una densa vegetación de matorral y pinar; por otro lado, ocupando la mayor superficie del parque, está la marjal dedicada al cultivo del arroz; el tercer ambiente lo forma la albufera propiamente dicha, un lago de agua dulce comunicado con el mar, cuyas 2.800 hectáreas lo convierten en el de mayor superficie de la Península Ibérica, auténtico paraíso ecológico de paisaje inolvidable; el último espacio lo forma el monte, que, desgraciadamente, no presenta en la actualidad demasiado interés. Más de doscientas cincuenta especies de aves acuáticas utilizan este ecosistema, reproduciéndose allí mismo unas noventa, de entre las que destacan los más de diez mil ejemplares de pato colorado o *sivert* y los más de veinte mil de cuchara común o *bragat*. En época de cría aparecen colonias de garzas, gaviotas picofinas y diversas aves migratorias.

Otro heredero del cordón de humedales existente antaño en el litoral valenciano es el **Parque Natural de la Marjal de Pego-Oliva**, antigua albufera con una restinga de nueve kilómetros de longitud que, con el paso del tiempo y debido a la sedimentación, se ha transformado en una gran ex-

tensión –unas mil hectáreas– de balsas de límpidas aguas en las que se concentran estacionalmente aves migratorias como el somormujo lavanco, la garza imperial o la cigüeñuela y una abundante población de invertebrados. La visita al parque se puede completar con un paseo hasta la Font Salada, un manantial de aguas termales con propiedades curativas para la piel. Cabe resumir que el paisaje de la provincia de Valencia está lleno de complejos matices y variadas fisonomías.

## HISTORIA, ARTE Y CULTURA

Los antecedentes de ocupación humana más antiguos se encuentran en la Cova de Bolomor (Tavernes de Valldigna), relacionables con el Homo Erectus. Durante el **Paleolítico Medio** (130.000 a 35.000 años), los *neandertales* dejaron sus huellas en la Cova de la Petxina (Bellús), la Cova Foradada (Oliva), la Penya Roja (Rótova), las Fuentes de Navarrés y la Cova Negra (Xàtiva). Por causas desconocidas, durante el **Paleolítico Superior** (25.000 años), el hombre de Cromañón sustituyó al Neandertal y ocupó de manera intensa y sistemática el litoral mediterráneo. La comarca de La Safor concentra numerosos yacimientos, entre los que destacan la Cova de les Mallaetes (Barx) y la Cova del Parpalló (Gandia). Esta etapa se caracteriza por una innovación crucial: la invención de armas arrojadizas, que mejoran las técnicas de caza y facilitan nuevos modelos de ocupación del territorio. Entre el 16.000 y 10.500 a. C., periodo del **Paleolítico Inferior**, conocido como Magdaleniense, se incrementa la producción artística en los objetos de uso cotidiano y en soportes líticos y óseos. Son destacables los hallazgos realizados en la Cova del Volcán (Faro de Cullera) y el Abric de la Senda Vedada (Sumacárcel).

La **revolución neolítica** llega a tierras valencianas, como al resto del mediterráneo peninsular, hacia el año 5.000 a. C. El cambio cultural y social tan extraordinario que suponen la agricultura y la ganadería, quedan testificados en la Cova de la Sarsa (Bocairent), la Cova de l'Or (Beniarrés) y la Cueva de la Cocina (Dos Aguas) De la cultura material destacan las cerámicas impresas, así como el uso de hachas, azuelas, hoces, cucharas, discos, anillos y colgantes de hueso. Sin embargo, lo más fascinante es el **arte rupestre**, desarrollado en abrigos de poca profundidad y paredes rocosas protegidas por una pequeña cornisa. Encontramos dos tipos: el llamado arte levantino y el arte esquemático, que se desarrollan en paralelo y con frecuencia se superponen. El **arte levantino** es el más vital de la prehistoria europea y el único arte naturalista postpaleolítico peninsular. Se caracteriza por los colores rojos y negros y su acusado carácter narrativo, en el que las figuras humanas y animales se interrelacionan formando escenas de caza, guerra o recolección, entre ellas la famosa recolección de miel de la Cueva de la Araña (Bicorp). En el **arte esquemático** las figuras antropomorfas y zoomorfas se reducen a sus líneas básicas y abundan los motivos simbólico-religiosos. Ambos tipos están tan excepcionalmente representados en la comarca de la Canal de Navarrés, que el conjunto de sus cuevas y abrigos ha sido declarado **Patrimonio de la Humanidad**.

El característico desarrollo de la tecnología metalúrgica y los poblados fortificados y ubicados en lugares altos, propios de la **Edad del Bronce**, están bien representados en los yacimientos del Tossal Redó (Bellús), Puntal de Cambra (Villar del Arzobispo) y la Muntanya Asolada (Alzira). A mediados del I milenio a. C., aquella cultura se había transformado en la que griegos y romanos llamarían **cultura ibérica**, que se extendió desde el siglo VI a. C. hasta bien entrada la romanización, alcanzando su mayor apogeo entre los siglos V y III a. C. No se conoce bien la organización territorial ibera, mas sí que la actual provincia de Valencia estaba afectada por dos áreas: la Contestania, al sur de río Xúquer y la Edetania al norte del río.

De la Contestania, cuyo núcleo más importante en nuestra zona fue la ciudad de Sait (Xàtiva), se conoce muy poco, si bien en Moixent existen dos yacimientos importantes: el de La Bastida de Les Alcuses, donde fue hallado el famoso exvoto llamado El guerrero de Moixent, y la

necrópolis de Corral de Saus, ambos yacimientos visitables. La Edetania, cuya principal ciudad era Edeta (Llíria), dominaba la comarca del Camp de Túria y parte de la comarca de Los Serranos, llegando por el norte hasta la Sierra Calderona y por el sur hasta el río Turia. Sus poblados estaban jerarquizados y especializados en actividades diversas y se rodeaba de un cinturón de atalayas: situadas en alto, el Puntal dels Llops (Olocau), Penyarroya (Llíria), Castellar de Casinos y Villar del Arzobispo y, en el llano, Torre Seca (Casinos), La Monrabana y Castellet de Bernabé (Llíria). Un caso aparte es Arse (Sagunt) que, estando dentro de ese territorio, no parecía depender de él.

En general, los poblados iberos se caracterizaban por estar rodeados de murallas de poco espesor, rampas de acceso, entradas en zigzag y, a veces, torres defensivas. Las viviendas se adaptaban a la to-

pografía y su interior, de una o dos habitaciones, se dividía en espacios menores para distintas actividades. En la agricultura dominaba el cultivo de vid, olivos y cereales. Edetania era una de las mayores productoras de miel y los higos y vino de Arse/Saguntum eran conocidos en tiempos de Catón el Viejo (siglos III-II a. C.). Por otra parte, el armamento y los utensilios agrícolas de hierro gozaron de gran fama. En bronce se producían fíbulas, botones, pulseras, anillos y otros complementos de indumentaria. La orfebrería era escasa, pese a lo cual se conserva un torques y pulseras de oro del llamado *Tesoro de Cheste* (Museo de Historia de Valencia). En la cerámica, la decoración evolucionó desde las bandas horizontales y los círculos con-

*Lápidas romanas*

céntricos hasta otra, más compleja, geométrica y antropomorfa. Destaca aquí el llamado estilo Llíria-Oliva, de finales del siglo III a. C., caracterizado por su fuerte carácter narrativo: cacerías, danzas, escenas guerreras, etc. que arrojan importante información sobre la vida cotidiana. El *vaso de la doma* procedente de Llíria (Museo de Prehistoria de Valencia) es ejemplo paradigmático de este estilo.

La cultura ibérica se enriqueció, a lo largo de los siglos, por la influencia de fenicios, griegos y romanos. Pronto habían entrado en relación con los cartagineses, junto a los que combatieron como mercenarios. El conflicto entre cartagineses y romanos convirtió la península en su teatro de operaciones, y si bien en la Primera Guerra Púnica los iberos continuaron su alianza con los cartagineses, la situación

cambió a finales del siglo III a. C., cuando hizo irrupción en la historia Arse/Saguntum. El ataque y destrucción de esta ciudad en el año 219 a. C. por parte de los cartagineses comandados por Aníbal provocó el estallido de la Segunda Guerra Púnica e hizo famosa la heroica resistencia de los saguntinos. A partir de ese momento, muchos pueblos ibéricos de esta área se pasaron a las filas romanas.

En el año 138 a. C. los romanos fundan Valentia, aun cuando ya existían los municipios de Saguntum, Edeta (Llíria) y Saetabis (Xativa), además de Lauro (¿El Puig?), Sucro (Alzira), Port Sucrone (¿Cullera?) y Ad Statuas (¿Moixent?). Esta fundación se explicaría por la necesidad de crear ciudades propiamente romanas, con aporte de población itálica, para impulsar la transformación de un área adscrita a

Roma desde el año 197 a. C. De hecho, el proceso de **romanización** generalizado se inicia en torno a las fechas de fundación de Valentia. En el siglo I a. C., esta área se vio envuelta en las guerras civiles romanas que estallaron entre Mario y Sila y que, en Hispania, estuvieron encabezadas por grandes generales como Sertorio (por Mario) y Pompeyo el Grande (por Sila). Sertorio venció brillantemente a Pompeyo en Lauro, Sucro y Saguntum, mientras que sus generales fueron derrotados en Valentia por Pompeyo, quien arrasó de tal forma la ciudad, que ésta quedó abandonada durante cincuenta años.

La romanización supuso una radical transformación de la sociedad ibérica, que asimiló los sistemas y principios del mundo romano, cuyas bases legales, administrativas y culturales dejaron una impronta determinante en su desarrollo ulterior. Se adoptó el estilo de vida metropolitano tanto en obras públicas e infraestructuras como en la vida privada: indumentaria, vivienda, utensilios domésticos y lengua. No quedó rastro de cultos ibéricos y la división social se basó en ciudadanos y esclavos, con los mismos mecanismos de progresión social. El cultivo del suelo se articuló en torno a las ciudades, que actuaban como mercado, y la producción sobrante se incluyó en los circuitos del comercio marítimo. Tanto Arse/Saguntum como Valentia acuñaron moneda.

El espléndido teatro romano de Sagunt constituye una clara evidencia del auge alcanzado por esta ciudad en los siglos I-II d. C. Subsisten también el foro imperial y las murallas del siglo IV. En Valencia, entre otros vestigios, quedan restos del foro de época imperial y de unas termas de época republicana (plaza de la Almoina). En Llíria se conservan mausoleos romanos y un santuario oracular. Otros restos que documentan la cultura material y artística de esta larga etapa, como objetos de uso doméstico y personal, esculturas, pinturas y mosaicos se conservan en museos arqueológicos valencianos, tanto de carácter local como provincial.

La crisis del imperio romano en el siglo III afectó a estas tierras empobreciéndolas y despoblando las ciudades. Cuando dos siglos más tarde el imperio se desintegró, los **visigodos** tomaron el relevo. Toda esta área quedó al margen de su dominio efectivo, lo que facilitó que las élites eclesiásticas ocuparan el vacío de poder para erigirse en los representantes políticos de la población. Se crearon dos sedes episcopales: la de Saetabis (Xàtiva) y la de Valentia, cuyo obispo Justiniano (siglo VI) mejoró la ciudad y construyó un complejo episcopal, parte de cuyos restos se hallan en la plaza de la Almoina y en la actual cripta de la Cárcel de San Vicente. La integración plena de esta área en la órbita visigoda se produjo con Leovigildo (569-586), quedando incorporada al Reino de Toledo.

Ciudades casi abandonadas, población dispersa en aldeas y una economía de subsistencia, fue el panorama que encontró el grupo árabe que, a principios del siglo VIII y tras pactar con la aristocracia visigoda, se incorporó pacíficamente a estas tierras en sucesivos contingentes. Al territorio comprendido entre el Turia y el Segura, los árabes lo denominaron **Sharq al-Andalus**. En el 778, y por conflictos no del todo esclarecidos, Abd-Al-Rahman I y su ejército saquearon e incendiaron los cultivos, destruyendo Balansiya (Valencia). A finales de siglo, a su hijo Abd-Alah-al-Balansí *(el valenciano)*, tras algunas rebeliones y conflictos político-familiares, se le permitió ejercer una especie de virreinato

*Restos de la capilla visigoda que puede verse en la Cripta de la Cárcel de San Vicente de la capital valenciana*

en un amplio territorio en torno a la ciudad de Valencia. Durante el siglo IX, parece que la gobernación de esta área residía en Xàtiva, incluyendo Valencia, Alzira, Sagunt y otras ciudades. Se produce un importante desarrollo comercial y agrícola y un cambio en los hábitos sociales y culturales. A finales del siglo, crece la inestabilidad y las luchas intestinas. Nuevos contingentes, esta vez de bereberes, se instalan en tierras valencianas.

Con la desintegración del Califato de Córdoba, a principios del siglo XI, se crearon los **reinos de Taifas**. En este territorio surgieron el de Valencia, el de Xàtiva, de duración efímera, y el de Denia (que abarcaba, entre otras, áreas de Gandia, Oliva y Bocairent). Las fronteras eran muy inestables pero atrajeron mucha población, lo que redundó en la ampliación de la superficie cultivada, la aplicación de nuevas técnicas de regadío y la implantación de

1. Valencia se pobló de torres islámicas de defensa que luego serían conquistadas por las tropas cristianas. Torre de Bufilla.
2. Estatua de Jaime I

Almanzor, Abd-Al-Aziz, rey de la Taifa de Valencia, construyó en esta ciudad la muralla nueva mejor guarnecida del Al-Andalus y una residencia de recreo o *almunia*, utilizada posteriormente por los reyes cristianos como palacio real.

La Taifa de Valencia fue conquistada en 1094 por Rodrigo Díaz de Vivar (El Cid) tras 20 meses de duro asedio a la ciudad, y se mantuvo en ella como señor independiente hasta su muerte en 1099. Contuvo a los almorávides en Quart de Poblet y Bairén (Gandia), una situación que se hizo insostenible para su viuda, quien evacuó Valencia en 1102 y le prendió fuego. A partir de entonces, los almorávides se enseñorearon de la zona y la agruparon bajo una sola administración. El príncipe instituyó su sede en Xàtiva, desde donde reconstruyó la arrasada Valencia. Se vivió un periodo de esplendor hasta que, ya con los almohades en el poder, una fuerte crisis

económica arruinó estas tierras. Ello favoreció que la conquista de Sharq al-Andalus fuera pactada entre las grandes familias de la zona y los reyes cristianos, lo que explica la rápida y poco cruenta campaña, cuyo inicio podría situarse en la entrada en Valencia de Jaime I.

Durante la etapa islámica, la cultura alcanzó momentos de gran esplendor. Xàtiva fue el foco cultural en el siglo XI y allí residió el poeta Ibn Hazm mientras escribía su inmortal obra *El collar de la paloma*. A comienzos del siglo XII floreció el grupo de los «poetas jardineros» que alcanzaron renombre universal: Ibn Jafaya de Alzira, su sobrino Ibn Zaqqaq, Ibn Labun de Sagunt e Ibn Ruhaim de Bocairent. A mediados del siglo XII descolló el poeta valenciano Al-Rusafí y, en el siglo XIII, el poeta Ibn Al-Abbar quien, tras la conquista de Valencia, abandonó la ciudad y se exilió en el norte de África. La cultura material ha dejado muestras

nuevos cultivos, entre ellos el del arroz, del que se llegó a ser un importante productor. Asimismo crecieron la artesanía textil, con exportación de lino, y la del papel, del que Xàtiva fue el principal fabricante. El esplendor económico se manifestó también en la acuñación de moneda de oro y plata y en la recaudación de impuestos, con los que se abonaban los tributos de vasallaje *(parias)* a los reinos cristianos y se pagaba a los ejércitos mercenarios cristianos. A esta expansión económica correspondió una eclosión cultural sin precedentes, en la que los príncipes ejercieron un mecenazgo que atrajo a poetas, filósofos y científicos. Un nieto de

*Escudo del rey Don Jaime en el Museo Histórico Municipal de Valencia*

*Cerámica medieval en el Museo Nacional de Cerámica González Martí*

de su alto nivel en la cerámica, en algunos capiteles y vestigios de palacios que se conservan en diversos museos.

La caída de Valencia en manos de Jaime I en 1238 inició una rápida **conquista**. La mayoría de ciudades y castillos, tras asedios más o menos prolongados, fueron tomados mediante rendición negociada que garantizaba la continuidad de la presencia islámica y los derechos de su población. A principios de 1245 se cerraba provisionalmente la conquista del nuevo Reino de Valencia y se fijaban sus fronteras. La conquista comportó la destrucción de la estructura sociopolítica propia de la sociedad musulmana y su sustitución por un sistema social que homologaba las tierras valencianas al resto de la Europa feudal. La ocupación de las ciudades abocó a sus élites dirigentes al exilio, dejando a la sociedad musulmana descabezada, reducida a la clase rural y a merced de los nuevos propietarios. No se respetaron los acuerdos y la brutalidad de los nuevos colonos produjo en 1247 una revuelta general de los musulmanes que acabó con un decreto general de expulsión en 1248. Si bien no se ejecutó por completo, tuvo dos efectos: la migración de los dirigentes musulmanes que no se habían marchado al principio y el desplazamiento de los restantes hacia las áreas más improductivas del interior, dejando a los colonos cristianos las fértiles tierras costeras. Esto selló el derrumbe total de la sociedad musulmana y la completa integración de las tierras valencianas en el sistema feudal.

La implantación del cristianismo dio lugar a la creación de iglesias, muchas de ellas sobre antiguas mezquitas, según el llamado *modelo de reconquista*, caracterizado por una sola nave sin crucero ni girola, arcos de diafragma muy abiertos y techumbre de madera a dos aguas. Nacieron entonces las iglesias de San Juan del Hospital y las primeras obras de la catedral de Valencia, San Feliu de Xàtiva, la iglesia de la Sang de Llira y la de El Salvador de Sagunt, así como el monasterio de Santa María de la Valldigna y la cartuja de Santa María de Portacoeli. Ya en el siglo XIV se construyeron de nueva planta algunas iglesias góticas: la colegiata de Gandia, la iglesia de Santa María de Ontinyent, la de Santa Catalina de Alzira, la iglesia arciprestal de Santa María de

*En la Valencia medieval los castillos salpicaban el territorio.
En la imagen, el castillo de Jalance.*

Sagunt y la iglesia del monasterio del Puig, entre otras. Durante los siglos XIII y XIV descuella la cerámica de Paterna, en cuyos alfares trabajaron cristianos y musulmanes, decayendo a finales del siglo XIV y tomando el relevo Manises.

A mitad del siglo XIV se produce un grave enfrentamiento entre la nobleza y el rey. A la tradición pactista defendida por las ciudades y encarnada por las Cortes, entendida como una relación contractual entre el rey y el reino, se oponía una creciente tendencia al centralismo y autoritarismo monárquico, que pretendía colocar al rey por encima de los *fueros* (derechos propios del Reino). El detonante de la llamada **Guerra de la Unión** (1347-1349) fue la proclamación de la hija de Pere IV *el*

*Cerimoniós* como heredera del Reino sin el consentimiento de las Cortes. La ciudad de Valencia convocó a los estamentos para formar una Unión y se alzó en armas. Las ciudades se dividieron entre unionistas y realistas. Aun cuando el rey, llegado a Sagunt y por intervención directa del Papa, se avino a firmar unas bases de acuerdo con los unionistas, el rechazo de los realistas reabrió el conflicto. Finalmente, derrotado el ejército unionista en Mislata, el rey anuló el concedido *privilegio de la Unión* y reprimió con dureza la revuelta. No obstante, el desgaste político y financiero sufrido persuadió al rey a mantener el régimen pactista anterior.

Apenas resuelto este conflicto, estalló la guerra con Castilla, conocida como la

**Guerra de los dos Pedros** (1356-1369) entre el castellano Pedro I el Cruel y el aragonés Pere IV *el Cerimoniós*, iniciada por la pretensión de este último de anexionarse Murcia y consolidarse como potencia en el Mediterráneo. La actual provincia de Valencia se vio cruelmente afectada a partir de 1362, cuando los castellanos ocuparon Castielfabib, Ademuz, Sagunt, El Puig, Llíria, Benaguasil, Chiva y Buñol, y pusieron sitio a Valencia. La paz de Morvedre (Sagunt) impuso al *Cerimoniós* severas condiciones que no llegaron a cumplirse y pronto se reanudó la guerra con la captura castellana de las ciudades del litoral: Oliva, Gandia, Cullera y Sagunt y un nuevo asedio a Valencia. El aragonés, finalmente, reconquistó Sagunt y el valle del Palancia, con lo que la guerra dio un giro a su favor. El repliegue de Pedro I el Cruel a su territorio para defenderse en una guerra civil contra su hermano, dejó el conflicto con Aragón en suspenso. Más tarde, ambos reinos alcanzaron un acuerdo que dejaba las fronteras igual que antes de su comienzo.

Cuarenta años más tarde, dos acontecimientos inesperados desembocaron en una grave crisis que se resolvió mediante el **compromiso de Caspe**: la muerte del heredero Martín el Joven y, a los pocos meses, la de su padre el rey Martín el Humano en 1410, dejaron vacante el trono de la Corona de Aragón y abrieron la lucha por la sucesión. Las Cortes de los tres reinos de la Corona debían elegir al sucesor, siendo el Conde de Urgell y el castellano Fernando de Antequera los dos candidatos más firmes. Sin embargo, las luchas intestinas entre la nobleza imposibilitaban la convocatoria de las Cortes. En Valencia, los partidarios de Fernando de Antequera se impusieron por las armas a sus rivales en Morvedre (Sagunt). Finalmente, por sugerencia del Papa Luna, Benedicto XIII, se formó una comisión de tres compromisarios por cada reino (Valencia, Aragón y Cataluña) para hacer la elección en Caspe, resultando elegido Fernando de Antequera con el voto, entre otros, de los valencianos Bonifacio y Vicente Ferrer (más tarde santo). El resultado fue bien recibido por el conjunto de los reinos y supuso la introducción de una dinastía castellana. El Conde de Urgell inició una revuelta, pero fue vencido y sufrió un largo cautiverio en prisiones castellanas hasta acabar en una mazmorra del castillo de Xàtiva, donde murió en 1433.

El **siglo XV** constituyó un periodo de esplendor para las tierras valencianas. La creación literaria fue tan brillante que se ha considerado el siglo de oro de la literatura valenciana, con figuras de talla universal como los gandienses Ausiàs March, culmen de la poesía europea, Joanot Martorell, a quien se considera creador de la primera novela moderna por su *Tirant lo Blanc* y Joan Roiç de Corella. En Valencia se fundó la primera imprenta de la península y las letras se enriquecieron con la prosa de Sor Isabel de Villena. Las artes plásticas florecieron gracias a pintores de la altura de Marçal de Sas, Miquel Alcañis, Antonio y Gonçal Peris o Joan Reixach, y se labraron bellas portadas como las de las iglesias de Santa María y El Salvador de Requena. Como personalidades con influencia muy superior a la de los soberanos, situados en la cúpula eclesial del orbe católico, se colocaron Alfonso y Rodrigo de Borja, convertidos en los Papas Calixto III y Alejandro VI respectivamente. La ciudad de Valencia soslayó la depresión económica que afectó al resto del reino y a Europa y atrajo tantos recursos humanos que se

*Cerámica de Manises. Jarrón del siglo XVI.*

convirtió en una de las capitales más pobladas del continente. La floreciente actividad comercial y financiera, reforzada por el extraordinario dinamismo de su puerto en el que se asentaron numerosas compañías extranjeras, contribuyeron a acrecentar su hegemonía política y económica sobre el conjunto del reino. Las grandes obras emprendidas en el siglo anterior, como la ampliación de la muralla, las Torres de Serranos y la catedral, se vieron culminadas por la construcción de la Lonja de los Mercaderes, ejemplo singular del gótico civil. La cerámica de Manises, con su hermoso reflejo dorado, alcanzó el máximo esplendor y se exportaba a todas las cortes europeas.

Sin embargo, la prosperidad del siglo XV no había alcanzado a todos: las clases populares habían quedado excluidas de los beneficios económicos y del poder político

y manifestaron su descontento en el siglo siguiente. Complejas cuestiones económicopolíticas y sociales confluyeron y estallaron en la revuelta llamada de **las Germanías** (1519-1522), que conjugaba diversas luchas paralelas: de los artesanos y las clases populares contra la oligarquía urbana, de los campesinos contra los señores y de los cristianos contra la singularidad musulmana. Se correspondió con alzamientos populares en Castilla (las Comunidades) y otros países europeos, en lo que se ha considerado la primera gran crisis del sistema feudal. En la revuelta participaron los gremios, los labradores, el bajo clero y una mínima representación de la burguesía, frente a los no agermanados, constituidos por el estamento nobiliario y su servidumbre mudéjar, el alto clero y la mayor parte de la burguesía. Valencia y su huerta, las Riberas Alta y Baja del Xúquer, la Vall d'Albaida y el llano de Sagunt, se adscribieron a la causa revolucionaria, mientras las comarcas del interior adoptaban la causa contraria. Derrotados los agermanados en Morvedre (Sagunt) y más tarde en Xàtiva, la revuelta fue finalmente sofocada y duramente reprimida por el duque de Calabria y la virreina Germana de Foix. Se sucedieron los ajusticiamientos, confiscación de bienes y multas hasta el perdón general dictado en 1528.

Las germanías tuvieron otro gran perdedor: la población musulmana (mudéjares), contra la que existían viejos resentimientos económicos, sociales, políticos y religiosos, sobre todo por parte de las clases populares que, en el curso del conflicto, se ensañaron con ella. La brutal agresión alcanzó su cenit en 1521, cuando los agermanados triunfaron en Gandia y saquearon las poblaciones musulmanas de las comarcas de La Safor y la Costera, imponiéndoles el bautizo forzoso, sin que ello librase a centenares de ellos de la muerte. El siguiente año continuaron los bautizos obligatorios por las tierras de La Ribera y de L'Horta. Derrotados los agermanados en 1522, el triunfador Carlos V no solo legalizó estos bautizos, sino que obligó al resto de mudéjares a convertirse. La conclusión del problema de los mudéjares se convirtió en el comienzo del problema de los moriscos (musulmanes conversos).

Un hecho significativo había sido, a finales del XV, **la unión dinástica de Castilla y Aragón** mediante el matrimonio de Fernando e Isabel, los Reyes Católicos, que consagraba la hegemonía de Castilla y León sobre la Corona de Aragón. Al heredar ambos reinos Carlos V, la monarquía hispánica quedaba consolidada y, al mismo tiempo, se integraba en una construcción política imperial.

Valencia perdió la centralidad del siglo anterior y quedó situada geográfica, social y políticamente en la periferia. Desde cualquier punto de vista: demográfico, financiero, político o cultural carecía de importancia frente a los recursos y extensos territorios que agrupaba el imperio en Europa y América, y quedó sumida en el aislamiento. Por otra parte, aunque los distintos reinos pertenecientes a una sola dinastía mantenían sus peculiares lenguas, leyes, costumbres e institucio-

*Obra de Joan de Joanes*

nes, la monarquía extendía su poder centralizador y su control sobre aquellos a través de los virreyes y otras instituciones, ejerciendo una fuerte presión homogeneizadora y castellanizante. En la corte virreinal del Duque de Calabria, la lengua castellana desplazó a la valenciana hasta tal punto que incluso la producción literaria –mucho menos brillante que en la época anterior– se realizaba exclusivamente en castellano.

El arte del renacimiento se había introducido en la península a través de Valencia, a donde el italiano Paolo de San Leocadio se había desplazado para pintar al fresco la cúpula de la catedral por encargo de los Borja. Fernando Yáñez y Fernando Llanos, formados en el entorno de Leonardo da Vinci, pintaron el espléndido retablo del altar mayor de la catedral de Valencia y el Maestro de Alzira y Vicente Maçip, entre otros autores, dejaron en todo el territorio obras maestras. El renacimiento valenciano culminó en la pintura con Joan de Joanes y, en la arquitectura, con l'Almodí de Xàtiva, el claustro de El Patriarca, el monasterio de San Miguel de los Reyes y el Consolat del Mar, integrado en el edificio de La Lonja, en la ciudad de Valencia.

Uno de los problemas significativos del siglo XVI fue la **piratería berberisca**, acrecentada por la presencia turca en el Mediterráneo. Una y otra vez el pirata Barbarroja devastó las costas: en 1529 atacó El Palmar y desembarcó en Oliva; en 1532 fueron saqueadas Piles y Cullera; en 1547 fondearon en la playa de Sagunt y penetraron hasta el monasterio de Santo Espíritu; en 1550 el temible Dragut asaltó Cullera. Todo ello incrementaba la desconfianza hacia los moriscos, a quienes se les suponía en connivencia con los piratas. A la creciente irritación contra ellos contribuía el clima de intolerancia introducido por el Concilio de Trento, el comienzo de las guerras de religión en Europa y el fracaso evangelizador de la Iglesia que, más allá de conseguir la práctica externa del cristianismo, no hizo mella en la identidad cultural de los antiguos musulmanes. Fue en aumento el recorte de libertades para esta población, incluida la prohibición de hablar la *algarabía*, el dialecto valenciano del árabe. En 1563, pese a la oposición de los estamentos y la nobleza, que veían peligrar su principal fuerza de trabajo, se procedió al desarme general de los moriscos, dejándolos inermes.

La orden de **expulsión de los moriscos** se acordó en abril de 1609 y comenzó a ejecutarse en el Reino de Valencia en septiembre del mismo año, llevándose los preparativos en secreto. La nobleza valenciana protestó, pero aceptó con resignación una medida que le afectaba gravemente, pues sus vasallos moriscos constituían un tercio de la población. A los expulsados se les concedieron tres días para ir a los puertos de embarque con los bienes muebles que pudieran llevar consigo. Fueron conducidos en largas columnas hasta el puerto de Valencia, embarcados rumbo al norte de África y obligados a pagar el pasaje. Iniciada la expulsión en septiembre, en octubre estalló una revuelta en el Valle de Cofrentes que se extendió a otras zonas. Unos seis mil rebeldes se hicieron fuertes en la Muela de Cortes y consiguieron resistir durante tres años, hasta 1612. Una resistencia insignificante para un daño enorme: La Safor, La Costera, la Ribera, l'Horta, el Valle del Palancia, el Camp de Túria y las comarcas montañosas del interior, perdieron, de golpe, un tercio de su población, provocando un vacío demográfico que dejó grandes áreas absolutamente despobladas. La expulsión culminaba la conquista al conseguir el objetivo, hasta entonces inviable, de eliminar por completo a la población musulmana.

La siguiente medida fue, por tanto, la **repoblación** de las tierras desocupadas, llevada a cabo mediante el desplazamiento de colonos de unas zonas a otras, sin apenas atraer contingentes de otros reinos, por lo que muchos lugares, sobre to-

do de las zonas más áridas del interior, quedaron definitivamente abandonados. Cuarenta años después no se había recuperado el nivel de población previo a la expulsión. Con todo, la reordenación de las propiedades y los acuerdos que hubieron de pactar los señores y los campesinos –entre otros, el pago mediante los frutos y no en dinero– propiciaron una recuperación económica. Las áreas costeras quedaron más pobladas que el interior, dibujando una geografía humana que se ha mantenido hasta nuestros días.

La sociedad del siglo XVII, entre cambios y convulsiones sociales como la llamada **segunda germanía**, que enfrentó a los campesinos con los señores en 1693 y acabó con la derrota por las armas de aquellos, desarrolló un potente deseo de ascenso social y su lógica consecuencia de hacerlo visible mediante el rígido proto-

*Dos aspectos de la decoración escultórica de la iglesia arciprestal de la Asunción de Nuestra Señora de Llíria*

colo y los fastos públicos. La religiosidad exaltada se manifestó en Valencia y Xàtiva con un incremento tal de iglesias y conventos que se convirtieron en auténticas ciudades eclesiales. La expulsión de los moriscos y la repoblación por cristianos viejos dio lugar a la proliferación de nuevos templos en toda la geografía valenciana y, con la recuperación económica, al florecimiento del **arte barroco:** en pintura descolló Francisco Ribalta; en arquitectura y ornamentación son ejemplos destacables la iglesia arciprestal de la Asunción de Nuestra Señora en Llíria, la basílica de Nuestra Señora de los Desamparados en

*El famoso plano de Valencia realizado por el padre Tosca a principios del siglo XVIII*

Valencia y la iglesia del monasterio de la Valldigna. La Galería Dorada del palacio ducal de Gandia subrayaba el superior estatus social de la nobleza antigua.

Si el siglo XVII terminó bien, el comienzo del siguiente sería desastroso para los valencianos. Bajo el pretexto de la sucesión al trono de España tras la muerte de Carlos II sin descendencia, la **Guerra de Sucesión** (1701-1715) encubriría un enfrentamiento entre dos concepciones políticas: la absolutista y centralista encarnada por el miembro de la casa de Borbón, Felipe de Anjou, y la federalista y neoforalista representada por el archiduque Carlos de Austria, auxiliados uno y otro por tropas extranjeras. Llevada la guerra al territorio valenciano, la población se inclinó a favor de uno u otro candidato según sus propios y diversos intereses: la lucha antiseñorial, mal cerrada tras el fracaso de la segunda germanía, aglutinó a sus promotores y seguidores en torno al Archiduque Carlos (*maulets*), lo que empujó a la nobleza a inclinarse a favor del Borbón (*botiflers*). Los *maulets* tomaron Oliva, Gandia, Xàtiva y Alzira, dejando expedito el camino para la ocupación de

Valencia que, por el contrario, había apoyado la causa borbónica. El Archiduque Carlos entró en Valencia, juró los Fueros y se convirtió en rey constitucional de los valencianos.

Sin embargo, las fuerzas borbónicas se recuperaron y, el 25 de abril de 1707, ganaron la decisiva batalla de Almansa. Esta batalla, en la que no participaron tropas valencianas, decidió el curso de la guerra en el Reino y su rápida conquista. Xàtiva se resistió y fue incendiada y arrasada. La represión llegó incluso a borrar su nombre y sustituirlo por el de San Felipe. Mas esto era solo un anticipo de un castigo mayor, colectivo e indiscriminado, puesto que afectaba incluso a quienes habían defendido a Felipe V: dos meses después de la batalla de Almansa, el **Decreto de Nueva Planta** abolía los Fueros del Reino de Valencia, suprimía las instituciones de autogobierno históricas y privativas del Reino y lo reducía a una provincia gobernada por las leyes y costumbres castellanas. El rey no atendió las protestas de los valencianos, afligidos por un sentimiento colectivo de derrota que se plasmó en el dicho popular: *cuando el mal viene de Almansa, a todos alcanza.*

El comienzo del siglo XVIII resultó nefasto para la evolución política de Valencia y su reino, pero en lo económico fue un periodo de crecimiento sin precedentes. Las razones hay que buscarlas en el potencial de expansión de la economía valenciana interrumpido, sucesivamente, por la expulsión de los moriscos y por la cruenta Guerra de Sucesión que, de una u otra manera, costó la vida a más de treinta mil valencianos. Fue también una etapa de **esplendor cultural**, principal foco de difusión del movimiento ilustrado en la península. Orientado en principio hacia las

ciencias matemático-físicas (José Zaragozá, Padre Tosca), pronto derivó hacia la historia y las demás ciencias. Esta corriente valenciana, pese a lidiar con la intransigencia de la Inquisición, el desinterés de las instituciones y la incomprensión de la sociedad, resultó trascendental para el progreso de la ciencia española. Autores como Gregorio Mayans –jurista convertido en historiador por el influjo de la historia crítica valenciana, su *Epistolarum libri sex* (1732) significó un hito a nivel nacional–, Jaime Lorenzo Villanueva –cuyo *Viaje literario de las iglesias de España* es la obra cumbre de la historiografía ilustrada de la época–, Antonio José Cavanilles, cuyos extraordinarios estudios y descripciones botánicas hicieron de él uno de los científicos valencianos más importantes de la historia, Gabriel Ciscar o Juan Bautista Muñoz, creador del Archivo de Indias, fueron algunas de las personalidades más relevantes. El arte produjo también obras significativas: de esta época datan, entre otras, la Puerta de los Hierros de la catedral, la iglesia de Santo Tomás y San Felipe Neri y la hermosa fachada rococó del palacio del Marqués de Dos Aguas en Valencia. Antonio Palomino pintó al fresco varias iglesias y la escultura brilló con fuerza singular bajo el cincel de Ignacio Vergara.

La lenta decadencia de la Ilustración valenciana, mermada por la marcha de sus dirigentes a la corte o al exilio (expulsión de los jesuitas en 1767), se agravó por la **Guerra del Francés** (1808-1814). Tras la coronación de José I como rey de España, se produjo una sublevación general que aunaba el rechazo de la invasión francesa y el malestar popular generado por las pesadas cargas señoriales. En Valencia la insurrección explotó el 23 de mayo de 1808 entre las clases populares.

Recuerdos del pasado en el Museo Histórico Militar de la Región de Valencia
1. *Uniforme de los voluntarios valencianos de 1808*
2. *Sala con una bandera tomada al ejército norteamericano en la guerra de Cuba*

La Junta provincial, dominada no sin esfuerzo por las élites burguesas, se hizo con el control de la revolución local, participando muy activamente en las Cortes de Cádiz, que consolidaron la revolución liberal (Constitución de 1812). Entretanto, las tropas francesas de Suchet conquistaban Sagunt, Valencia y el resto de la actual provincia, hostigadas por grupos de guerrilleros como el del saguntino Josep Romeu. Aunque la mayoría de la sociedad valenciana era hostil a los franceses, estos solo se retiraron tras la derrota del ejérci-

to de José I en Vitoria. Llegado el rey Fernando VII a Valencia, y con el soporte decisivo del general Elío, en esta ciudad proclamó el retorno del absolutismo y declaró nulas las Cortes de Cádiz.

Las pugnas entre liberales y absolutistas fueron constantes a lo largo del siglo XIX, materializándose en numerosos alzamientos y revoluciones, entre los que destaca la guerra civil conocida como **Primera Guerra Carlista** (1833-1840). Tras la muerte de Fernando VII, el ala más autoritaria y antiliberal del absolutismo, financiada y encabezada ideológicamente por la Iglesia, se negó a aceptar a Isabel II como reina de España, apoyando la aspiración al trono del infante Carlos. En la zona valenciana, las tropas carlistas comenzaron a ser eficaces bajo el mando de Ramón Cabrera. Con el apoyo de campesinos reclutados en comarcas donde apenas había repercutido la revolución liberal, tomaron Utiel, Llíria y

Chiva, y asediaron sin éxito Requena, donde la resistencia fue heroica.

Finalizada la guerra carlista con la derrota de Cabrera, una nueva revolución (1840) convirtió Valencia en principal escenario de la actividad política nacional, posición que no abandonaría a lo largo del siglo XIX: en Valencia, la reina María Cristina debió ceder la regencia al general Espartero, máximo exponente del liberalismo progresista; más tarde, la Junta de Salvación de Valencia hizo posible que el general Narváez instaurase un gobierno conservador (1844); en 1869 el levantamiento republicano adquirió en Valencia una intensidad tal que la llevó a resistir mientras fracasaba en el resto de España; por último, la I República, proclamada en 1873, finalizó con el pronunciamiento militar del general Martínez Campos en Sagunt (1874) que restauró a Alfonso XII en el trono de España .

Casa-Museo Blasco Ibáñez. Despacho que usaba el escritor en el diario El Pueblo.

*Casa modernista en Valencia*

El siglo XIX vio nacer, entre 1837 y 1902, un importante movimiento cultural llamado la *Renaixença*. De carácter valencianista y preocupado por la recuperación de las señas de identidad propias, tuvo importantes implicaciones políticas e ideológicas, dividiéndose en dos grandes grupos. Por un lado, la *renaixença de guant*, conservadora y elitista, con Teodoro Llorente a la cabeza. Por el otro, la *renaixença d'espardenya*, mayoritariamente progresista, republicana y popular, liderada por Constantí Llombart. Un joven literato adscrito en su juventud al círculo de Llombart alcanzará gran éxito como novelista, periodista y agitador político: Vicente Blasco Ibánez (1867-1928). Crítico con los abusos de las clases dirigentes y republicano convencido, reflejó en sus novelas, con un estilo muy vinculado al naturalismo de Zola, el modo de vida valenciano y sus

*Detalle de la Casa-Museo Benlliure*

de Rivera (1923-1930), en cierto modo una respuesta a una conflictividad que había alcanzado carácter general, no pudo frenar la crisis ideológica de la derecha, desembocando en la proclamación democrática de la II República (1931). Esta nueva forma de organización política fue acogida con entusiasmo por amplios sectores sociales valencianos, estando el republicanismo muy arraigado en Valencia y en otros municipios. La sublevación de parte del ejército, de nuevo con el apoyo de la Iglesia, contra el gobierno de la República en 1936, dando comienzo a la Guerra Civil (1936-1939) colocó a la provincia del lado de la legalidad republicana, llegando a ser Valencia capital provisional de la República entre 1936 y 1937. Los estragos de la guerra y la dura represión durante y después de ella, calaron hondo en la sociedad valenciana y la sumió en una profunda crisis económica que no comenzaría a quedar atrás hasta los años sesenta. La llegada de la democracia y su afianzamiento con la Constitución (1978) y el Estatuto de Autonomía (1982) abrieron un periodo de desarrollo en todos los ámbitos sociales, culturales e ideológicos, enriquecidos y completados con la aprobación de un nuevo estatuto en 2006.

conflictos, alcanzando una merecida fama internacional. Las artes plásticas agruparon un escogido elenco del que sobresalen los pintores Francisco Domingo, José Benlliure, Ignacio Pinazo y el celebrado Joaquín Sorolla, además del genial escultor Mariano Benlliure. Obras como la Estación del Norte o el Mercado de Colón vieron la luz a principios del siglo XX de la mano de arquitectos modernistas como Demetrio Ribes y Francisco Mora, entre otros.

Coincidiendo con el periodo de esplendor de estos artistas, el impacto de la Primera Guerra Mundial (1914-1918), siendo beneficioso para algunos sectores de la economía valenciana, perjudicó a los trabajadores, pues la rápida subida de los precios ocasionó la pérdida de poder adquisitivo, produciéndose una elevada conflictividad social. La dictadura de Primo

## OTROS EDIFICIOS DE INTERÉS

La Valencia de los primeros años del siglo XX ha dado numerosos y bellos ejemplos de arquitectura modernista. Entre ellos destaca la **Estación del Norte (MN),** obra espléndida de Demetrio Ribes cuya decoración de madera, cerámica y *trencadís* anticipa en sus motivos vegetales la exhuberancia valentina. Es un contrapunto a los rojizos y rítmicos arcos del vecino edificio de la **Plaza de Toros,** de sobria arquitectura. El **Mercado de Colón,** de Francisco Mora, con una impresionante estructura metálica y dos portadas neomudéjares de ladrillo y piedra, recae a la **calle Cirilo Amorós** en cuyo entorno y en el de la **Gran Vía Marqués del Turia,** existen numerosos edificios de viviendas de estilo modernista.

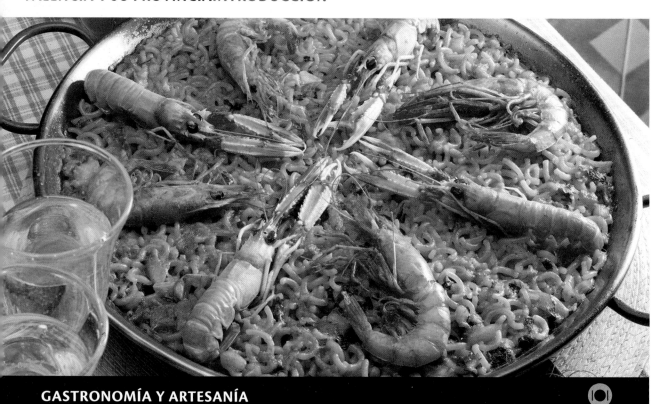

## GASTRONOMÍA Y ARTESANÍA

La gastronomía de la provincia de Valencia se caracteriza por su sabor y tradición mediterráneas que, apoyados en la buena calidad de sus arroces, en las verduras y hortalizas de la huerta y en sus variados dulces, dan como resultado una cocina alegre y saludable. Siendo la Comunidad Valenciana el mayor productor de **arroz** de España, este producto es un referente inequívoco de su cocina. Su plato más celebrado, la **paella**, ha seducido tantos paladares que se ha convertido fuera de nuestras fronteras en una seña de identidad no solo de Valencia sino de toda la cocina española. Hay muchas maneras de elaborar este delicioso plato que,

para los puristas, debe contar con *ferradura* (judías verdes de vainas estrechas y largas), *garrofó* (un judión ancho y redondeado), carne de pollo y/o conejo y el sabroso caracol serrano, de cáscara blanda y franjas negras. También puede confeccionarse con mariscos o exclusivamente con verduras. En cada comarca, según sus gustos y sus propios productos, se introducen ingredientes y pequeñas variaciones que dan diversidad y riqueza a la receta original. El arroz, sin embargo, no agota sus posibilidades en la paella: arroz caldoso, arroz al horno, arroz a banda, arroz negro, *arròs amb fesols i naps*, son algunas de las múltiples formas en que puede de-

gustarse un producto siempre reconfortante. Otro elemento destacable y característico de la gastronomía valenciana son los productos de la huerta: **hortalizas y verduras** están presentes en todas las cocinas, en las que no faltan las cebollas, acelgas, judías tiernas y patatas con las que se realiza el *bullit* o hervido, las lechugas, tomates, carlotas y cebollas tiernas para las ensaladas, o las alcachofas, berenjenas, pimientos, calabacines, para asarlos al horno o a la plancha.

Con este denominador común, la cocina valenciana ofrece rasgos diferentes en función de los recursos de cada población y según se trate de comarcas costeras o

**1.** *La calidad de los productos de la huerta es la seña de identidad de la cocina valenciana.*

**2.** Arròs amb fesols y naps

del interior, estas últimas caracterizadas por una gama de **platos con mayor poder calórico** para combatir los rigores climáticos. Entre ellas podemos encontrar las gachas de maíz y trigo, el potaje, las almortas o el arroz *empedrao* en el Rincón de Ademuz; el *mojete* hecho con harina de guijas, aceite, patatas y ajo en la Hoya de Buñol; la olla churra, la olla de pueblo, el gazpacho serrano o las gachas y migas en la comarca de Los Serranos; gachamiga, ajoarriero, morteruelo, pueden tomarse en la comarca de Utiel-Requena y, en el Valle de Ayora, gazpachos de monte, potajillos, ajitonto, o trigo *picao*; en el Camp de Tùria es famosa la *caragolà* (caracoles con salsa picante) y el arroz al horno triunfa en La Costera. La matanza del cerdo tiene como resultado los **embutidos artesanos**, que gozan de merecida fama

*1.* Espardenyà
*2.* Arnadí

en Ontinyent, Bocairent y otros municipios de la Vall d'Albaida, así como en Requena y Utiel, que celebran sendas ferias anuales del embutido. Las comarcas más próximas al mar como el Camp de Morvedre o las Riberas Alta y Baixa se apoyan con intensidad en los arroces y en los **pescados** y **mariscos**, que suelen presentarse con una elaboración sencilla al vapor, a la plancha o asados a la brasa. Gandia ha hecho famosa la *fideuà*, un plato con marisco que sustituye el arroz por gruesos fideos, y en su comarca son muy apreciados la *gamba amb bleda* (gambas, acelgas, pimiento rojo y ajo) o los *figatells* (tocino, hígado de cerdo, sal, pimienta, nuez moscada y prerejil); a base de patatas, anguilas y otros condimentos se cocina la *espardenyà* en la Ribera

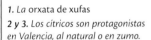

*1. La* orxata de xufas
*2 y 3. Los cítricos son protagonistas en Valencia, al natural o en zumo.*

donde se celebra anualmente una Feria Nacional Apícola. El placer se redondea con una copita de moscatel o malvasía de Montserrat o Turís, o con un chupito de *herbero*, un aguardiante de hierbas de la Sierra de Mariola. Mención aparte merece la *orxata de xufas* de Alboraia, una bebida fría o helada cuyo consumo es recomendable durante todo el año. Es preciso reseñar, por último, la gran calidad que están alcanzando los vinos valencianos, agrupados en dos Denominaciones de Origen: D. O. Utiel-Requena y D. O. Valencia, así como las mistelas y cavas.

Baixa y el *all i pebre* en el entorno de la Albufera, mientras en Canet es típico el almuerzo de huevos con langostinos.

Para los postres cabe elegir entre las frutas frescas y los dulces. En invierno destacan las naranjas que ya se tomen enteras, en zumo o preparadas, constituyen un jugoso manjar. Las manzanas del Rincón de Ademuz, algunas de cultivo ecológico, pueden consumirse en otoño e invierno. La primavera y el verano traen consigo melocotones y cerezas del Valle de Ayora y melones de Foios. En los dulces, además de las pastas, pastelitos, natillas o buñuelos de calabaza o de viento, hay una gran variedad de productos de clara influencia y tradición árabe que sería prolijo enumerar aquí. Son

famosos el *arnadí* y la *almoxàvena* de la comarca de La Costera así como los *moixentins*, dulces de almendra de Moixent; los *panquemaos* de Alberic; los turrones y peladillas de Casinos; *les orelletes* de Bétera; los *pastissets de Nadal*, los *rotllos* de Sant Blai y el *arnadí* de la Ribera Baixa, y el *alajú* de Utiel-Requena, entre otros. Un producto interesante es la miel, que se produce en La Canal de Navarrés y el Valle de Ayora,

## LUCIR EL PALMITO

Lucir el *palmito* no era otra cosa, en su origen, que lucir el abanico, un instrumento tan útil para combatir el calor como para que los enamorados se comunicaran mediante un código de gestos. En la corte de Pere IV *el Cerimoniós* ya se usaban los *ventalls*, abanicos rígidos antecesores de los plegables que se popularizarían siglos más tarde. A principios del siglo XIX Valencia se convirtió en pionera de su fabricación, creando abanicos de nácar, marfil y maderas nobles artísticamente decorados. Artesanos de Aldaia, Godella, Alaquàs y Valencia mantienen viva esa noble tradición.

## Bodegas y vinos de la provincia de Valencia

### D.O. UTIEL-REQUENA

**UTIEL Y REQUENA**

**Casa del Pinar**
☎ 962 139 121
www.casadelpinar.com

**Coviñas**
☎ 962 300 680
*Aula Syrah, tinto crianza*

**CVCRE**
☎ 962 171 141
*Viña Lidón, blanco*
www.veradeestenas.es

**Dominio de Aranleón**
☎ 902 02 3069
www.aranleon.com

**Dominio de la Vega**
☎ 962 320 570
www.dominiodelavega.com

**Enotec**
☎ 962 301 744

**La Noria**
☎ 962 139 123
*La Noria, tinto crianza
ecológico S. A.*
www.lanoria-ecovin.com

**Mustiguillo**
☎ 620 216 227

**Sebiran**
☎ 962 300 618
*Coto d´Arcis, tinto*
www.bodegasebiran.com

**Viñedos Vegalfaro**
☎ 962 138 140
*Vegalfaro, tinto crianza*
www.vegalfaro.com.

Admiten visitas las siguientes:
**Cooperativa Agrícola Utiel**
☎ 962 171 157

**Fuso S. L.**
☎ 962 304 212

**Ibervino**
☎ 962 304 803
www.bodegas-artesanos.
com

**Murviedro**
☎ 962 329 003
www.murviedro.es

**Romeral Vinícola S. L.**
☎ 96 230 36 65

**Torre Oria S. L.**
☎ 962 320 289
www.torreoria.com

**Torroja S. L.**
☎ 962 304 232
www.bodegastorroja.com;

**VENTA DEL MORO**

**Casa lo Alto**
☎ 962 139 101

**Latorre Agrovinic**
☎ 962 185 028
www.latorreagrovinicola.
com

### D.O VALENCIA

**ENGUERA**

**Enguera Vitivinícola**
☎ 96 136 41 66
*Megala, tinto crianza*
www.bodegasenguera.com

**FONTANARS
DELS ALFORINS**

**Casa Los Pinos**
☎ 962 222 090
/ 699 447 220
*Los Pinos, tinto crianza
ecológico*

**Daniel Belda**
☎ 962 222 278
www.vinsbjb.com

**MOIXENT**

**Celler del Roure**
*Maduresa, tinto reserva*

**Fernando Francés**
☎ 962 132 315

### MOSCATELES, CAVAS Y VERMUTS

**CATARROJA**

**Coca Soler S. L.
(Castell dels Sorells)**
☎ 962 527 257
*Brut y Semiseco*
www.castelldelssorells.com

**CHIVA**

**Coop. Vínica Chivana**
☎ 962 520 036
*Muscat*
www.vinicachivana.com

**Cherubino
Valsasangiacomo**
☎ 962 510 861
*Moscatel, vermut*
www.cherubino.es

**Gandia**
☎ 962 524 242
*Fusta Nova, vino dulce
de crianza*
www.gandiawines.com

**REQUENA**

**Pago de Tharsys**
☎ 962 303 354
*Carlota Suria, brut nature*
www.pagodetharsys.com

**TURIS**

**Coop. La Baronia**
☎ 962 52 6011
*Cañamar añejo*
www.baroniadeturis.es

*En la provincia pervive la
tradición artesanal.*

Constituyen un descubrimiento muy agradable para el buen catador de vinos y sin duda son la mejor compañía para los platos locales.

También la **artesanía** tiene presencia en diversos municipios: la cerámica en Paterna y Manises; los abanicos en Aldaia, Alaquàs, Godella y Valencia; vidrio en L'Ollería; figuritas de cera en Albaida; objetos y alpargatas de esparto en Adzeneta d'Albaida; escobas de palmito en Sot de Chera y Bolbaite; bastones, perchas y útiles de labranza en Jarafuel; cántaros y botijos en Villar del Arzobispo; forja y madera en Enguera. Otros productos que pueden adquirirse a precios de fábrica son los edredones, mantas y toallas en Ontinyent, Albaida y Bocairent.

## FIESTAS Y TRADICIONES

El amor de los valencianos por la música es proverbial. No se trata de un tópico: en la actualidad la federación provincial de asociaciones musicales cuenta con 281 entidades inscritas y a lo largo del año hay cientos de ocasiones festivas, conciertos y certámenes en los que demostrar el buen hacer de sus músicos. Puede decirse que la música, el fuego y la pólvora, son elementos constitutivos de las fiestas valencianas, los componentes que no faltan nunca.

La magia ancestral del fuego convoca a los valencianos a las primeras hogueras que abren su calendario festivo: son las que se encienden el 16 y 17 de enero en honor de San Antón –San Antonio Abad, también llamado **Sant Antoni del Porquet**– protector de los animales, tan importantes en la economía agraria. La más emblemática es la hoguera de Canals, que alcanza los 20-25 metros de altura (la más alta del mundo, según Guiness) merced a una compleja y estudiada colocación de los troncos, cubiertos con ramas verdes y rematada por un naranjo. Las bendiciones de animales, reparto de *panellets* (panecillos) y otros festejos se suceden en los 108 pueblos de la archidiócesis valentina que celebran esta fiesta que marca el inicio del calendario agrícola.

Las **Fallas**, quizá la fiesta que más netamente se identifica como valenciana, tiene la virtud de aunar burla y fuego, fastuosidad, música y pólvora, devoción y exceso. Su singularidad reside en la creación de las propias fallas, efímeros monumentos satíricos compuestos por numerosas figuras que se *plantan* en plazas y/o encrucijadas. En ellos se traza un retrato burlesco de la sociedad y de los acontecimientos que han jalonado el año, poniendo al descubierto con gracia los eternos defectos de la condición humana. La universalidad de esos rasgos y defectos hacen de las fallas un espejo en el que cada cual puede reconocerse y reconocer su entor-

**1.** *Artista fallero*
**2.** *Falla ardiendo en la* nit del foc

no, razón por la que pueden ser comprendidas por cualquier visitante, aunque sea ajeno a la vida cotidiana local y nacional. Una crítica revestida de espectaculares formas y colores y envuelta en el olor de buñuelos de viento, de tracas, *mascletaes* y castillos de fuegos artificiales que llenan de color la noche. Desfiles y pasacalles culminan en la ofrenda de flores con las que se confecciona, en Valencia, un gran manto a la Mare de Déu dels Desamparats, aunque las fiestas, de interés turístico internacional, se celebren en honor de Sant Josep. Y todo este alboroto, las miles de horas que se han invertido durante todo un año para crear una falla, se resuelve prendiéndoles fuego la noche del 19 de marzo: hay que quemar todo lo viejo para dejar paso a lo nuevo que trae la primave-

ra. Valencia, que planta en sus calles más de setecientas fallas, entre adultas e infantiles, es la capital indiscutible de esta fiesta que ha atraído el último año a un millón y medio de visitantes. Se celebran además en otras ciudades como Xàtiva, Alzira y Gandia, declaradas en esta última de interés turístico nacional. Y aún hay otra cita en torno al fuego en la breve y misteriosa noche de San Juan, el 23 de junio. De nuevo, como en San Antón, es la hoguera de troncos primigenia, sin añadidos ni adornos, la que congrega a quienes creen en su poder mágico y purificador. Una noche especialmente sugestiva en las ciudades de la costa, donde los viejos rituales de saltar las olas y el fuego encendido a la orilla del mar se ven reforzados por los conjuros benéficos pronunciados a la luz de la luna, un astro que les otorga una potencia mayor.

Otras fiestas singularísimas son las de **Moros y Cristianos**, en las que la alegría, la música y el color corren a cargo de los festeros que, vestidos con los trajes de diferentes comparsas, ya sean del bando moro o del cristiano, desfilan por las calles de su ciudad, realizan descargas de arcabucería, simulan batallas y aluden con todo ello a un remoto pasado medieval en

*En esta página, dos aspectos de la ofrenda floral*

## Fiestas de interés en la provincia de Valencia

*17 de enero*
**Sant Antoni del Porquet**
Canals

*20 de enero*
**San Sebastián**
Silla

*1-5 de febrero*
**Moros y Cristianos**
Bocairent

*Antes del Miércoles de Ceniza*
**Carnestoltes**
Villar del Arzobispo, Bélgida

*15 -19 de marzo*
**Fallas**
Valencia. Interés Turístico
Internacional.

*Semana Santa*
**Procesiones**
Sagunt. Gandia. Ambas de Interés
Turístico Nacional.

*Semana Santa*
**Representaciones**
Moncada, Benetusser

*Segundo domingo después de Pascua*
**Rosario marinero de la Aurora**
Cullera

*Segundo domingo de mayo*
**Mare de Deú dels Desamparats**
Valencia

*Variable*
**Corpus Christi**
Valencia

*23 de junio*
**Nit de Sant Joan**
Aldaia, Xirivella, Massanassa

*16 de julio*
**Mare de Déu del Carme**
Gandia, Xeraco, Oliva...

*Segunda quincena de julio*
**Feria de julio**
Valencia

*18 de julio*
**Día de la cerámica**
Manises

*Sábado más próximo al 22 de julio*
**Ball dels locos**
L'Ollería

*Finales de julio - principios de agosto*
**Sants de la Pedra**
Sueca, Simat de la Valldigna, Torrent

*3 al 12 de agosto*
**El Salvador y Danza dels Porrots**
Silla

*4 al 6 de agosto*
**Santo Cristo del Palmar**
El Palmar

*10 de agosto*
**San Lorenzo**
Tavernes de Valldigna

*12 al 22 de agosto*
**Mare de Déu d'Agost i Sant Roc**
Bétera

*14 al 20 de agosto*
**Fira d'Agost**
Xàtiva. Interés Turístico Nacional.

*15 al 25 de agosto*
**Fiesta del torico**
Chiva

*17 al 22 de agosto*
**Las Danzas**
Guadassuar. Interés Turístico
Nacional.

*Tercer jueves de agosto*
**Moros y Cristianos**
Ontinyent. Interés Turístico
Nacional.

*Último miércoles de agosto*
**La tomatina**
Bunyol

*Último domingo agosto*
**La cordà**
Paterna

*26 de agosto al 6 de septiembre*
**Fiesta de la Vendimia**
Requena

*6 al 15 de septiembre*
**Fiesta de la Vendimia**
Utiel

*7 y 8 de septiembre*
**Mare de Déu de la Salut.**
**La Muixeranga**
Algemesí

*Segunda semana de septiembre*
**Moros y Cristianos**
Vallada

*13 de septiembre*
**Fiesta del Arroz**
Sueca. Interés Turístico Nacional

*29 de septiembre*
**Sant Miquel**
Llíria, Enguera

*29 de septiembre -11 de octubre*
**Moros y cristianos**
Albaida

*4 al 9 de diciembre*
**Moros y cristianos**
Font de la Figuera

*Indumentaria típica*

*Tradicional juego de la pelota en la localidad de Llíria*

*Figuras en el Museo Fallero*

el que se enfrentaban moros y cristianos. Los actos que componen estas fiestas, de varios días de duración, son diferentes según los municipios –como diferentes son las comparsas y sus atavíos– y obedecen a tradiciones largamente mantenidas y vinculadas a sus respectivos patronos. Son famosas las fiestas de Bocairent, Ontinyent, Albaida, Vallada, la Font de la Figuera y Oliva.

El calendario festivo valenciano es rico en cantidad –más de dos mil fiestas– y en variedad. Los **Carnavales** de Bélgida, Requena y Villar del Arzobispo; las procesiones de **Semana Santa** en Sagunt y

*Traje de luces del diestro Manuel Granero en el Museo Taurino de Valencia*

Gandia; la **Verge del Carme** en ciudades costeras; el **Ball dels Locos** de L'Ollería; la **Tomatina** de Buñol; los *bous al carrer* y *bous embolats* en numerosos municipios de las comarcas del Camp de Morvedre y Camp de Tùria; la **Fiesta del Arroz** de Sueca; las **Fiestas de la Vendimia** en Requena, Utiel y otras localidades de tradición vinícola; los **Porrats**, mercaditos de dulces de la comarca de La Safor; los bailes tradicionales como las famosas **Danzas** de Benaguasil, la **Moixeranga** de Algemesí, **Els Porrots** de Silla y numerosas fiestas patronales, hacen deseable visitar estas tierras en cualquier mes del año.

**LA CAPITAL**

Del Ayuntamiento a la plaza del Palau
De la Catedral a la iglesia de Santa Catalina
Del Parque de Cabecera al Museo de Bellas Artes
De los Jardines del Real a la Ciudad de las Artes y las Ciencias

# RUTA 1. DEL AYUNTAMIENTO A LA PLAZA DEL PALAU

La ciudad de Valencia brota sobre una llanura que se extiende hacia el mar. Y puede utilizarse el verbo brotar para referirse a ella porque se palpa en el aire, en sus calles y en sus moradores una viveza vegetal, verde y exuberante como los frutos de la huerta que antaño la rodeaba. Fundada por los romanos en el 138 a. C. con el nombre de Valentia, fue llamada Balansiya cuando se transformó en ciudad islámica y, más tarde, en reino de Taifa. Jaime I la incorporó a la Corona de Aragón en 1238 como cabeza del Reino de Valencia, y en el siglo XV se convirtió en la ciudad comercial y el puerto más importante del Mediterráneo occidental. Multifacética y

vital, los visitantes que se acercan a Valencia quedan de inmediato impregnados de su vitalidad y subyugados por su belleza y su luz dorada. Este deslumbramiento deja en sombras, a veces, su extenso patrimonio cultural, extraordinariamente rico, ya que la dos veces milenaria ciudad no ha dejado de absorber las diversas culturas y las influencias de cada etapa, las ha transformado en carne y sangre propias y ha dejado feliz testimonio de ellas.

El encuentro con esta ciudad bien puede empezar en el lugar en el que acaban las fiestas de las Fallas: la **plaza del Ayuntamiento**, donde la última gran hoguera devora todo lo que ha quedado viejo

e inútil y, al mismo tiempo, purifica y abona el alma de la ciudad para recibir a la primavera. La fiesta y la plaza están presididas por el edificio del **Ayuntamiento**, que amalgama construcciones del siglo XVIII tras su fachada de comienzos del XX. Su cuerpo central con la torre del reloj y sus características torretas en los extremos, le otorgan una personalidad que se ha afianzado con el transcurso de los años hasta convertirse en símbolo inequívoco de la institución municipal. En su interior, además del hemiciclo y el Salón de Fiestas iluminado por dos grandes arañas de cristal de Bohemia y por pinturas techales de Salvador Tusset, se puede visitar el **Museo**

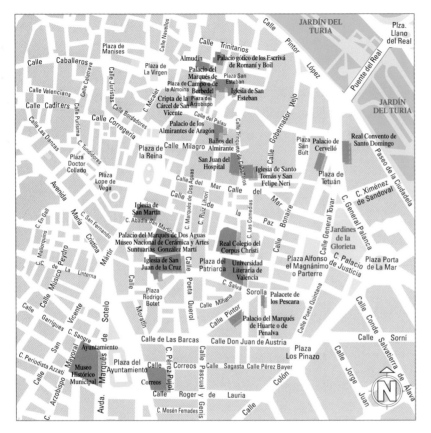

1. *Ayuntamiento o Casa de la Ciutat*
2. *Sala del Museo Histórico Municipal*

**Histórico Municipal (MN)**. Éste, instalado parcialmente en la antigua y dieciochesca capilla de Santa Rosa de Lima, con frescos de José Vergara, alberga algunos de los símbolos más estimados por los valencianos: el *Penó de la conquesta*, que izaron los musulmanes en la torre de Alí Bufat como señal de rendición a las tropas del rey Jaime I; el escudo y la espada con los que el Conquistador desfiló triunfante por las calles de Valencia; y la *Senyera*, la bandera que otorgó a los valencianos y que estos tienen a gala no inclinar ante nadie.

De nuevo en la ajetreada plaza, bordeada por varios edificios de interés, como el de Correos, podemos dirigirnos a su extremo más afilado para tomar la calle de San Vicente Mártir en dirección a la plaza de la Reina. Poco antes de concluir esta bella calle arbolada y comercial que fue prolongación del *cardus* de la ciudad romana, podemos detenernos en la **iglesia de San Martín (MN)**. Construida sobre una mezquita, su hechura gótica se inició en 1382. En el siglo XVI Miguel Porcar realizó la cabecera renacentista, con cúpula que evoca el Panteón de Roma

1. *Iglesia de San Martín*
2 y 3. *Palacio del Marqués de Dos Aguas*

y cuya decoración plateresca se une armónicamente con la tardobarroca del siglo XVIII, que ocultó casi por completo las trazas góticas. La portada lateral que recae a la calle Abadía de San Martín fue realizada en 1750 por el escultor Ignacio Vergara, cuya maestría brilla, por esta calle adelante, en la exuberante fachada del **palacio del Marqués de Dos Aguas (MN)**, en la que musculosos atlantes sostienen sobre sus espaldas un universo translúcido de flora y agua. Sobre un caserón del siglo XIV-XV, Hipólito Rovira dio forma al palacio en 1740 y diseñó las fascinantes fachadas. El interior, reformado en el siglo XIX, refleja la influencia del neoclasicismo. Convertido desde mediados del siglo XX en Museo Nacional de Cerámica y Artes Suntuarias González Martí, en la actualidad exhibe, además de los salones palaciegos, sus extraordinarias colecciones de cerámica, porcelana, abanicos e indumentaria.

Al costado del Museo, en la parte recayente a Poeta Querol, se alza la **iglesia de San Juan de la Cruz (MN)**. Las bellas columnas salomónicas entrelazadas con laurel que destacan en la portada, obra de Juan Bautista Pérez, nos prepara para go-

En la página de la izquierda y arriba, otros dos aspectos del palacio del Marqués de Dos Aguas. A la derecha, iglesia de San Juan de la Cruz.

## FIESTAS

El calendario valenciano es rico en festejos, pero las fiestas por excelencia son las emotivas, ruidosas y burlescas **Fallas** que, entre música, *mascletaes* y castillos de juegos artificiales, satisfacen el ansia de ruido y de color de los valencianos y movilizan a toda la ciudad. Trescientas cincuenta fallas —más idéntico número de fallas infantiles— levantan su mirada burlona en otras tantas encrucijadas, y se quedan con la risa en la boca cuando la noche del 19 de marzo les prenden fuego y, con ellas, se vuelve humo todo lo deleznable y viejo. Fiestas no menos coloristas son la **Semana Santa Marinera,** que se celebra en los barrios del Grau y el Cabanyal y la del **Corpus,** con una de las procesiones más antiguas de España.

zar del interior. Construido el templo en el siglo XVII, el siglo siguiente Luis Domingo e Ignacio Vergara inundaron su interior con refinados estucos dorados de estilo rococó, el mismo que impera en los zócalos de azulejos que llenan de inesperados paisajes y vegetación la serena oscuridad del templo.

A pocos pasos de ella se abre la plaza del Patriarca, presidida por una fuente monumental (1964) con figuras alegóricas y representativas de la Universidad de Valencia, a uno de cuyos muros se adosa. Ya en ella se vislumbra, a la izquierda, la fachada del Real Colegio del Corpus Christi, conocido popularmente como **El Patriarca**. Su áspera severidad oculta un interior esplendoroso. Construido el conjunto entre 1586 y 1610 por iniciativa del patriarca San Juan de Ribera, la iglesia armoniza sabiamente elementos góticos y renacentistas. Los frescos de Bartolomé y

## UN MÁRTIR UNIVERSAL

En el año 304, en el contexto de la persecución de cristianos decretada por el emperador Diocleciano, el obispo de Zaragoza y su diácono **Vicente** fueron trasladados a Valentia para ser juzgados. Vicente fue cruelmente martirizado y su cuerpo arrojado a un muladar, y más tarde, para impedir que se le rindieran honores, atado a una rueda de molino y arrojado al mar, pese a lo cual las olas lo devolvieron a la orilla. De tal modo se propagó su historia y alcanzó popularidad, que su culto fue el más extendido de la antigüedad, adquiriendo Valentia fama en todo el orbe cristiano como lugar de su martirio y depositario de sus restos.

*Claustro renacentista del Real Colegio del Patriarca*

Francisco Matarana, ejecutados a partir de 1597, seducen tanto por su belleza como por la impresión de hallarnos en un espacio íntimo y grandioso al mismo tiempo. Junto a la iglesia, Guillermo del Rey construyó en 1590 el más bello claustro renacentista de España, ante el que sobran las palabras: la serenidad y la armonía triunfan en torno a un sabio silencio erguido entre las 85 columnas de mármol blanco labradas en Italia. El **Museo (MN)** que completa el conjunto exhibe una breve pero selecta colección de pinturas.

En la misma calle de la Nave por la que se accede al Patriarca, se abre la puerta principal de la **Universidad Literaria de Valencia (MN)**, sede histórica de esta magna institución creada en 1501. Aun cuando quedan restos del edificio primitivo y de diversas intervenciones posteriores –como el Paraninfo y la Capilla, ambos del siglo XVIII– la mayor parte del edificio actual data del siglo XIX. Su bello claustro, testigo y escenario de la efervescencia estudiantil de los años setenta, constituye uno de los espacios más entrañables de la

cultura universitaria valenciana, en el que se sigue rindiendo homenaje a las personalidades vinculadas a ella. Tras el cese de la actividad docente en sus viejas aulas, la Biblioteca, el Museo de la Universidad e interesantes exposiciones temporales mantienen viva la institución en el corazón de la ciudad.

Por la calle de la Universidad, que flanquea uno de sus costados, se sale a la calle Pintor Sorolla que cuenta con bellos edificios, como el palacio del Marqués de Huarte o de Penalva (hoy Banco Urquijo)

*1.* Interior de la iglesia del Real Colegio del Corpus Christi, conocido como El Patriarca

*2.* Jardín del Parterre

*Tres aspectos del convento*
*de Santo Domingo*

o el palacete de los Pescara (Bankinter). A escasos doscientos metros se halla la plaza Alfonso el Magnánimo, más conocida como el Parterre, uno de los jardines más antiguos de la ciudad, en cuyo centro se alza la estatua ecuestre del rey Jaime I, fundida y emplazada en este lugar en el año 1891. Ante ella concluye la procesión cívica del *Nou d'Octubre* que conmemora la conquista de la ciudad y, desde la creación del estado de las autonomías, el Día de la Comunidad Valenciana. Junto a estos jardines se hallan los más antiguos y no menos famosos de **la Glorieta**, creados a principios del siglo XIX. Pese a las sucesivas transformaciones y reducciones del jardín, la bella Fuente del Tritón, obra de inspiración berniniana del italiano Ponzanelli, las varias esculturas erigidas en honor de artistas y prohombres valencianos y los centenarios ficus de retorcidos troncos y raíces, dan fe de su antigüedad y su vocación monumental.

Uno de los laterales de la Glorieta, paralelo a la calle General Tovar, desemboca en la plaza de Tetuán. En esta se encuentran dos interesantes edificios frente a frente. El primero de ellos es el **Real Convento de Santo Domingo (MN)**, sede de Capitanía General desde 1835, levantado en un terreno que donó a los dominicos el rey Jaime I, quien colocó la primera piedra de la iglesia en 1239. De las primitivas construcciones no queda nada, pero sí se conservan el claustro mayor y el aula capitular del siglo XIV. La Capilla de los Reyes, iniciada por Alfonso el Magnánimo en 1431 y concluida por su hermano Juan II en 1462, es una importante obra gótica con una singular bóveda de crucería sin nervios, de arquitecto anónimo. En este convento tomó el hábito San Vicente Ferrer. En cuanto a la iglesia, en la actualidad capilla castrense, su monumental portada de dos cuerpos contiene las imágenes de Santo Domingo, las de los valencianos San Vicente Ferrer y San Luis Beltrán y otros santos dominicos. Traspasada la portada, hay un pequeño claustrillo de ocho columnas a modo de

*Palacio de Cervelló*

nártex, desde donde se accede al interior, con una parte gótica del siglo XV y otra del siglo XVIII. La cúpula, que en su exterior está cubierta con teja de reflejo metálico broncíneo, está decorada en el interior con frescos de José Vergara.

Frente a este vetusto y elegante edificio, se encuentra el neoclásico **palacio de Cervelló**, con sobria fachada de tres plantas flanqueada por dos torres. Este edificio fue residencia de los reyes en sus visitas a Valencia, entre otras las de Fernando VII en 1814 y la de la regente María Cristina con su hija, la futura Isabel II, en 1840. El edificio, recientemente rehabilitado, es sede del Archivo Municipal de Valencia que data del mismo año de la conquista. La inmediata creación de las primeras instituciones locales hizo necesario conservar de manera adecuada los documentos emanados de ellas. Así nació el Archivo que, desde su creación en 1238, conserva ininterrumpidamente la documentación local propia

## LA EMPERATRIZ DESDICHADA

En Valencia terminó sus días, en 1307, la **emperatriz Doña Constanza** cuya existencia fue un rosario de desdichas. Hija natural del emperador alemán Federico II, se casó a los once años de edad con el emperador de Nicea, Juan III, que contaba más de cincuenta. Humillada por su esposo y, a la muerte de éste, despojada de sus bienes y acosada por sus sucesores, hubo de huir. La acogió en Valencia una de sus sobrinas, nuera del rey Jaime I. En esta ciudad contrajo la lepra, de la que sanó milagrosamente, atribuyéndolo a la intercesión de Santa Bárbara, a quien dedicó una capilla en la iglesia de San Juan del Hospital donde fue enterrada. Su sepulcro se perdió con la construcción de la actual capilla.

así como la procedente de otras instituciones. Sendas exposiciones permanentes en la planta baja sirven al objetivo de explicar la historia del Archivo y la del propio palacio, mientras en la planta noble se recrean algunos de los salones palaciegos.

Podemos retroceder de nuevo hacia La Glorieta y, teniendo como fondo la soberbia torre de Santa Catalina, contemplar primero y recorrer después la **calle de la Paz**, tan bella y armoniosa como su propio nombre. Su longitud y aspecto actual datan de mitad del siglo XIX y principios del XX y sus edificios denotan en las fachadas las sucesivas influencias historicistas, modernistas y art déco. A la altura de su cruce con la calle Comedias, podemos doblar a la derecha para llegar a la plazuela de San Vicente Ferrer, cerrada visualmente por la hermosa fachada de ladrillo rojo y el esbelto campanario de la **iglesia**

*Dos vistas de la calle de la Paz*

## DARSE UN RESPIRO

Es importante hacer un alto en el camino para tomar un refrigerio. Durante las Fallas, el aire está impregnado del olor del chocolate y los buñuelos de viento, una combinación que no tiene rival y puede encontrarse en cualquier época del año en el entorno de la iglesia de Santa Catalina. Durante el invierno no hay bebida más saludable que el zumo de naranja natural, y en verano la refrescante horchata de chufas, que puede degustarse en cualquier lugar pero merece una visita a su cuna, la cercana ciudad de Alboraia. Por la noche hay que probar el agua de Valencia, una sugerente combinación de cava y zumo de naranja.

1. *Iglesia de Santo Tomás y San Felipe Neri*
2. *Iglesia de San Juan del Hospital*

de **Santo Tomás y San Felipe Neri (MN)**, que evoca la del *Gesù* de Roma y cuya autoría se atribuye al ilustrado Padre Tosca. El templo, de planta latina y una sola nave, con una hermosa cúpula central y cúpulas en las capillas laterales, refleja la transición entre el barroco y el estilo neoclásico e impresiona por su nobleza y equilibrio.

De uno de los costados de la plaza arranca la calle Trinquete de Caballeros, en cuyo lateral izquierdo un muro moderno almenado delimita una parte del conjunto de **San Juan del Hospital (MN)**. Esta es la iglesia de fundación más antigua de Valencia –la primera edificada tras su conquista–, levantada en los solares de las casas donadas por Jaime I a los Caballeros de San Juan de Jerusalén por su participación en el ataque contra la *Porta de la*

*Xerea* de la muralla islámica, ubicada en el espacio que hoy ocupa la plaza que acabamos de dejar. Se accede al conjunto monumental por un portal abierto unos metros antes del cruce con la calle del Milagro. Un largo pasillo a cielo abierto, jalonado con grandes tiestos de plantas y flanqueado a la derecha por arcos del antiguo hospital del siglo XIII y a la izquierda por los muros de la iglesia, constituye un delicioso preámbulo de la quietud y belleza del conjunto. La iglesia se considera de estilo gótico cisterciense, aun cuando son identificables en ella elementos de otros estilos: románicos, como las puertas laterales, los contrafuertes y las pinturas de la última capilla de la izquierda; islámicos, representados por un capitel califal junto al altar mayor, y barrocos. De este último es admirable la Real Capilla de Santa Bárbara construida en 1686 por el arquitecto Juan Pérez Castiel, en sustitución de la capilla primitiva, fundada a principios del siglo XIV por la emperatriz de Nicea, Doña Constanza. Destaca su hermosa cúpula decorada con esgrafiados y sostenida por pechinas con las águilas de la casa de Hohenstaufen, a la que pertenecía la emperatriz.

La calle Trinquete de Caballeros, a la que retornamos, desemboca en la plaza de Nápoles y Sicilia, donde comienza la calle del Palau. En esta última se halla el **palacio de los Almirantes de Aragón** (MN), con patio del siglo XV, uno de los más puros ejemplos de mansión señorial

*Baños del Almirante*

*Iglesia de San Esteban*

de estilo gótico que subsisten en Valencia, sede en la actualidad de la Consellería de Economía y Hacienda. Mas antes de detenerse en este edificio, es interesante tomar la zigzagueante callejuelita con la que hace esquina, la calle Baños del Almirante, que recibe el nombre de un monumento diminuto por su tamaño pero singular y entrañable para introducirnos en la Valencia del medioevo. Los **Baños del Almirante (MN)** datan de 1313, cuando ya el Reino de Valencia formaba parte de la Corona de Aragón pero aún persistían numerosos vestigios de su reciente pasado islámico y sus costumbres impregnaban la vida cotidiana. Ejemplo de ello son estos baños públicos construidos al modo de los baños turcos o *hamman* que, sorprendentemente, estuvieron en funcionamiento durante casi seiscientos cincuenta años, desde su construcción hasta 1959.

Constan de vestíbulo, que también realizaba la función de vestuario, y las tres clásicas salas de baños: calientes, templados y fríos. La restauración recientemente concluida les ha devuelto su aspecto primitivo y recuperado en su mayor parte los elementos originales. Las pequeñas salas encaladas, con sus lucernarios en forma de estrellas, los deliciosos arcos, el sugerente calor y el rumor del agua, invitan a suspender temporalmente toda prisa, todo objetivo que no sea gozar de una placentera paz. Se calcula que podrían ocupar los baños a la vez unas quince personas, lo que limita al mismo número los visitantes que pueden acceder simultáneamente, por lo que se recomienda concertar visita.

Retornando a la calle del Palau, puede admirarse desde ella la plaza del mismo nombre, con la románica *Porta del Palau*, la más antigua de la catedral, al fondo. Sin

En la página de la izquierda

1. *Interior de San Juan del Hospital*

2. *Patio del palacio de los Almirantes de Aragón*

embargo, vamos a aplazar algo más el placer de llegar a este magno templo, tomando a la derecha la estrecha calle Venerables, que nos conduce a lo largo de los muros de la **iglesia de San Esteban (MN)** –no muy atractiva por fuera, pero admirable ejemplo de decoración barroca sobre estructura gótica en su interior–, para desembocar en la plaza de San Luis Beltrán. Es este un evocador espacio en el que el sol adquiere una coloración especial. A la derecha se halla la casa natalicia de San Luis Beltrán, del que recibe el nombre la plaza y cuya imagen preside

*Interior y exterior del Almudín*

*Dos aspectos de la plaza de la Almoina*

## Transportes turísticos

### Albufera Bus Turístic
Salidas desde la Plaza de la Reina, quiosco verde junto a la calle San Vicente. Horarios variables según la época del año. Reservas: ✆ 963 414 400

### Bus Turístic
Plaza de la Reina, quiosco verde junto a la calle San Vicente. Recorrido de hora y media por la ciudad. Salidas cada hora desde las 10:30 h. ✆ 963 414 400

### Tren Turístico
Salidas en la Ciudad de las Artes y las Ciencias, en el cauce, frente al Museo de Ciencias Príncipe Felipe. Recorrido de 30-40 minutos por el interior del antiguo cauce del río. Información: ✆ 619 763 010

## Más información

### Oficinas de información turística de la ciudad
**Tourist Info RENFE**
C/ Xàtiva (Interior Est. del Norte), 24 ✆ 963 528 573
🕐 Lunes a sábados, de 9 a 19 h. Domingos y festivos, de 10 a 14 h.

**Tourist Info Valencia. Aeropuerto**
Edificio Terminal (frente a la cafetería) ✆ 961 530 229
🕐 Lunes a domingos, de 9 a 21 h.

**Tourist Info Valencia**
Plaza Reina, 19-bajo
✆ 963 153 93
🕐 Lunes a sábados, de 9 a 19 h. Domingos y festivos, de 10 a 14 h.

**Turismo Valencia Convention Bureau**
Avda. Corts Valencianes, 41
✆ 963 606 353 y 963 390 390
🕐 Lunes a jueves, de 9 a 14:45 y de 16 a 18:30 h. Viernes, de 9 a 14:45 h.

### Oficinas de información turística de la Comunidad
**Tourist Info Valencia-Paz**
C/ Paz, 48 ✆ 963 986 422
🕐 Lunes a viernes, de 9 a 14:30 y de 16 a 20 h.
✗ Sábados, domingos y festivos.

**Hola Tourist Info On-Line.**
✆ 902 123 212
🕐 Lunes a viernes, de 9:30 a 20:30 h.

una pequeña fuente. El fondo y parte del lateral derecho están ocupados por el **palacio gótico de los Escrivá de Romaní y Boil (MN)**, restaurado hace unos años con gran acierto, y el lateral izquierdo por el **Almudín (MN)**, edificio creado para el almacenamiento y venta de grano cuya primera construcción se remontaría a los inicios del siglo XV, aunque sucesivas transformaciones y ampliaciones modificaron su traza original y sus fachadas. Tres arcos de medio punto entre dinteles serlianos, ya del XVI, constituyen el acceso principal abierto a esta plaza. En el interior, destacan las arcadas de lo que fuera en su día un patio descubierto con arcos de medio punto, peraltados y apuntados. Alegran las paredes algunas pinturas religiosas de corte popular así como inscripciones referidas a la actividad que allí se realizaba. Actualmente es sala de exposiciones temporales.

A una docena de metros, frente a la fachada recayente a la calle del Almudín, está la **plaza de la Almoina,** corazón

## Monumentos y museos

### MONUMENTOS NACIONALES (MN)

Museo Histórico Municipal –Ayuntamiento de Valencia–; iglesia de San Martín; palacio del Marqués de Dos Aguas; iglesia de San Juan de la Cruz; Museo de El Patriarca; Universidad Literaria de Valencia; Real Convento de Santo Domingo; iglesia de Santo Tomás y San Felipe Neri; San Juan del Hospital; Baños árabes del Almirante; palacio de los Almirantes de Aragón; iglesia de San Esteban; Almudín; palacio de los Escrivá de Romaní y Boil.

### MONUMENTOS

**• Almudín**
Pl. de San Luis Beltrán, s/n (sólo con exposiciones).
℘ 962 084 521 ☺ Martes a sábados, de 10 a 14 y de 16:30 a 20:30 h. Domingos y festivos, de 10 a 15 h.

**• Baños del Almirante**
C/ Baños del Almirante, s/n ☺ Martes a sábados, de 10 a 14 y de 18 a 20 h. Domingos, de 10 a 14 h. Concertar visitas: de 9:30 a 10 y de 17:30 a 18 h. ℘ 605 275 784

**• San Juan del Hospital**
☺ Lunes a sábados, de 9:30 a 13:30 y de 17 a 19 h. Domingos y festivos, de 11 a 14 y de 17 a 19 h.

**• Palacio del Almirante de Aragón**
C/ del Palau, s/n ☺ Sábados de 11 a 14 h. Visitas guiadas.

### MUSEOS

**• Cripta de la Cárcel de San Vicente**
Pl. del Arzobispo, 1
℘ 962 084 126. Ext. 4126.
☺ Martes a sábados, de 10 a 14 y de 16:30 a 20:30 h. Domingos y festivos, de 10 a 15 h.

**• Museo de la Ciudad**
Pl. del Arzobispo, 3
℘ 962 084 126. Ext. 4126.
☺ Martes a sábados, de 10 a 14 y de 16:30 a 20:30 h. Domingos y festivos, de 10 a 15 h.

**• Museo del Patriarca**
C/ de la Nave, 1
℘ 963 514 176 ☺ Lunes a domingos, de 11 a 13:30 h.

**• Museo Histórico Municipal**
Plaza del Ayuntamiento, s/n
℘ 962 081 181 ☺ Lunes a viernes, de 9 a 14 h.

**• Museo Nacional de Cerámica y Artes Suntuarias González Martí**
Rinconada Federico García Sanchis, 6 ℘ 963 516 392
☺ Martes a sábados, de 10 a 14 y de 16 a 20 h. Domingos y festivos, de 10 a 14 h.

**• MuVIM (Museo Valenciano de la Ilustración y la Modernidad)**
Avda. Guillem de Castro, 8
℘ 963 883 730
☺ Martes a sábados, de 10 a 14 y de 16 a 20 h. Domingos y festivos, de 10 a 20 h.

*Fachada del Museo de la Ciudad*

fundacional de la ciudad. Actualmente se trabaja en la musealización parcial del subsuelo y de piezas halladas en su entorno. En esta plaza se superponen los diversos estratos que marcan la evolución de Valencia como asentamiento urbano: romano republicano, romano imperial, visigodo, islámico y cristiano. La **Cripta de la Cárcel de San Vicente**, en la cercana plaza del Arzobispo, contiene bajo un edificio moderno un pequeño templo visigodo y ofrece una interesante explicación de la evolución política, cultural y

### Restaurantes

**Ca Sento**
C/ Méndez Núñez, 17
☎ 963 301 775

**La Marcelina**
Paseo de Neptuno, 8
☎ 963 712 025

**La Sucursal**
En el IVAM, c/ Guillem de
Castro, 118
☎ 963 746 665

**Oscar Torrijos**
C/ Doctor Sumís, 4
☎ 963 732 949

**San Nicolás**
Pl. Horno de San Nicolás, 8
☎ 963 915 984

**Santa Barbra**
Avda. Blasco Ibáñez, 29
☎ 963 623 322

**Seu Xerea**
C/ Conde de Almodóvar, 4
☎ 963 924 044

**Taberna El Encuentro**
C/ San Vicente, 28
☎ 963 943 612

### Alojamientos

**H***** Meliá Valencia
Palace**
Paseo Alameda, 32
☎ 963 375 037

**H***** Sidi Saler**
Avda. Gola de Puchol, s/n
El Saler
☎ 961 610 411

**H**** Astoria Palace**
Pl. Rodrigo Botet, 5
☎ 963 981 000

**H**** Reina Victoria**
C/ Barcas, 4
☎ 963 520 487

**H*** Meliá Inglés**
C/ Marqués de
Dos Aguas, 6
☎ 963 516 426

**H*** NH Abashiri**
Avda. Ausias March, 59
☎ 963 356 310

**H*** Petit Palace
Bristol**
C/ Abadía San Martín, 3
☎ 963 945 100

**H*** Renasa**
Avda. de Cataluña, 5
☎ 963 692 450

**H** Continental**
C/ Correos, 8
☎ 963 535 282

**Hostal Penalty**
C/ Artes Gráficas, 44
☎ 963 963 261

**Apartamentos
del Carmen**
www.apartamentsdelcarme.
com

> *Dos salas del Museo
> de la Ciudad*

urbana del entorno. En la misma plaza, el histórico **palacio del Marqués de Campo** o de Berbedel alberga las colecciones artísticas y etnográficas del Museo de la Ciudad, entre las que destacan, por su singularidad, la colección de Pesas y Medidas y la colección de Cerrajería.

## RUTA 2. DE LA CATEDRAL A LA IGLESIA DE SANTA CATALINA

La plaza del Arzobispo enfrenta dos palacios: el ya citado palacio del Marqués de Campo, edificio histórico que se remonta a finales del siglo XVII, precedido por una pequeña alberca sombreada por árboles y evocadora del pasado islámico de Valencia, y el palacio Arzobispal, obra de mitad del siglo XX. Este último abre su entrada principal a la llamada plaza del Palau, contigua a la anterior. Desde aquí podemos contemplar el cimborrio de la **catedral (MN)** que destaca con gracilidad sobre su cubierta, y la más antigua de sus puertas, la **Porta del Palau**, del siglo XIII. Sus seis arquivoltas apoyadas en doce delicadas columnillas cuyos capiteles se decoran con escenas bí-

blicas, están protegidas por un alero sostenido por curiosos canecillos: catorce cabezas masculinas y femeninas alternadas, que representan a siete matrimonios de la nobleza asentados en Valencia tras la conquista, y cuyos nombres están inscritos entre las cabezas. Siguiendo los muros de la catedral hacia la izquierda, y pasando bajo el arco de la calle de la Barchilla, salimos a un costado de la plaza de la Reina, un amplio espacio que acoge en mayo el popular mercado de cerámica llamado de la *escuraeta* y en el que brilla con luz propia la torre del Miguelete o **Micalet**.

Comenzada a construir en 1381 por el maestro Andrés Juliá y acabada por Pere

Balaguer en 1414, la torre campanario estaba originariamente separada de la catedral, a la que quedó unida al ampliarse ésta a mitad del siglo XV. Su planta octogonal alcanza 50,85 metros de altura e idéntico perímetro, y su elegante solidez se realza con una sobria decoración, enriquecida por las filigranas que coronan las ocho ventanas del último cuerpo, donde se albergan las campanas. Entre ellas se encuentra la llamada Miquel, que dio nombre a la torre y, desde su última fundición en 1532, mueve su más de diez mil kilos para tocar las horas. Mejor que ningún otro edificio, esta torre identifica la *ciutat vella*, la Valencia antigua y esplen-

Catedral. Puerta de los Hierros.

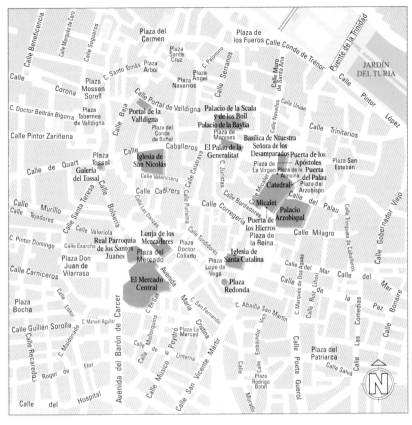

dorosamente viva. A su lado, la barroca **Puerta de los Hierros** consigue la rara y difícil virtud de no competir ni desdecir de él. Concebida como un gran retablo de dos cuerpos, es una ardorosa exaltación de la Virgen y de la iglesia valentina. Fue iniciada en 1713 siguiendo el gusto barroco berniniano de su primer arquitecto, Konrad Rudolf, y en ella intervinieron los más prestigiosos escultores valencianos, destacando entre ellos Ignacio Vergara.

Esta puerta es muy adecuada para entrar en la catedral, que comenzó a edificarse en el siglo XIII sobre la que había sido Mezquita mayor. Antes de concluir el siglo ya estaban terminadas la Porta del Palau, la estructura arquitectónica de la girola, el altar mayor y la sacristía. A partir de 1303 Nicolás de Ancona dirigió la construcción de las tres naves longitudinales,

la Puerta de los Apóstoles y el cimborrio. Este último es una suerte de torre de planta octogonal de dos cuerpos con ocho ventanales cada uno. Se eleva sobre el crucero a modo de lucernario y, junto a la luz, deslumbran su ligereza y la delicada decoración gótica

El ábside presenta planta poligonal y bóveda gallonada. La decoración de la bóveda fue encomendada por Rodrigo de Borja, futuro papa Alejandro VI, a los italianos Paolo de San Leocadio y Francesco Pagano en 1472. Estas pinturas renacentistas, ocultas por la reforma llevada a cabo en el

Catedral. Exterior del cimborrio.

siglo XVII, han sido redescubiertas recientemente. Una vez desmontada la falsa cúpula barroca, estos frescos han sido restaurados quedando a la vista en todo su esplendor. Las magníficas puertas del retablo del altar mayor son obra de Fernando Yáñez de la Almedina y Fernando de los Llanos, destacados pintores renacentistas, el primero de ellos discípulo de Leonardo da Vinci.

Mención aparte merece la Capilla del Santo Cáliz, obra del siglo XIV, situada a la derecha de la entrada por la puerta de los Hierros. La precede un corredor de estilo gótico florido, construido en 1496 por el maestro Pere Compte, con dos capillitas laterales y algunas tumbas medievales. La gran portada labrada, obra del mismo Pere Balaguer a quien se debe el Micalet, se construyó en 1424 y sus puertas, de madera y hierro forjado, se remontan a 1488. La capilla, antigua aula capitular, es una bella estancia de planta cuadrada y altos muros, cubierta por una bóveda de nervios que forman una estrella de ocho puntas. En el testero, y a modo de retablo, se colocó el cancel del antiguo coro, una obra que constituye, cronológicamente, el primer conjunto renacentista existente en España: se trata de una delicada obra de alabastro compuesta por doce relieves con escenas del Antiguo y Nuevo Testamento, dieciséis esculturas exentas y ocho pináculos. Todo ello dispuesto en torno a una hornacina situada en su centro, en la que se venera la reliquia del Santo Cáliz, regalo del rey Alfonso el Magnánimo a la Catedral en 1437. Desde esta misma capilla se accede al Museo Catedralicio, merecedor de una visita por sus notables y escogidas obras de arte.

Entre el resto de las que contiene la catedral, merece destacarse *La Verge del Coro* o *de la cadira*, escultura de piedra alabastrina policromada, datada en 1459 y atribuida a Joan de Castellnou. Originalmente situada en la parte superior del antiguo coro, fue trasladada más tarde a la girola, donde se halla en la actualidad sobre un trono de madera dorada tallado en el siglo XVIII. Frente a ella se encuentra la Capilla de la Resurrección, labrada en alabastro hacia 1510. Sus arcos rebajados, pilastras y columnas con fustes y capiteles decorados, constituyen una de las primeras y mejores muestras del estilo renacentista. El altorrelieve que da nombre a la capilla fue colocado a principios del siglo XVI. Por último, en la neoclásica Capilla de San Francisco de Borja, presidida por un cuadro de Salvador Maella que narra el momento en el que San Francisco reconoce el cadáver de la emperatriz Isabel de Portugal, se conservan dos lienzos de Goya relativos a la vida del santo: la despedida de sus familiares cuando decide entrar en religión, y el santo asistiendo a un moribundo.

Es preciso salir del templo y rodearlo por la calle del Miguelete para llegar a la **Puerta de los Apóstoles**, recayente a la

## UN TRIBUNAL MILENARIO

Todos los jueves, a las doce en punto, un grupo de hombres ataviados con los característicos blusones negros de la huerta se sientan bajo la Puerta de los Apóstoles de la catedral. Son los síndicos de las acequias que corren como venas por la huerta valenciana, reunidos para dirimir los conflictos que se producen entre los labradores por el uso del agua. El **Tribunal de las Aguas,** que se remonta a la primera época islámica, es una de las instituciones judiciales más antiguas de Europa. En lengua vernácula y una vez oídas las partes, el tribunal dicta sus resoluciones, que son inapelables. No se levantan actas ni intervienen abogados, aunque los síndicos cuentan con un asesor jurídico.

Catedral. Puerta de los Apóstoles
y Micalet.

plaza de la Virgen. Obra del siglo XIV, la puerta se enmarca con tres arquivoltas decoradas con santos, ángeles y profetas bajo un gran rosetón y una galería, y sirve de noble escenario a las sesiones del milenario **Tribunal de las Aguas**. Las palomas y el murmullo de los surtidores que brotan incesantes de la gran fuente dedicada al padre Turia, la serena belleza de los monumentos que la rodean y la extraña percepción de que aquí el tiempo carece de importancia, convierten la **plaza de la Virgen** en una de las más rumorosas y tranquilas. Estamos en el corazón de la ciudad, cerca del antiguo foro romano de época imperial, que penetra bajo la **basílica de Nuestra Señora de los Desamparados (MN)**. Y como un corazón humano, tam-

*Tres aspectos de la basílica de Nuestra Señora de los Desamparados*

bién aquel se excita y se conmueve cuando saca a la plaza a su Patrona para festejarla y colmarla de flores. Construida en el siglo XVII, la basílica ofrece a la plaza una sobria fachada y, en su interior, sobre el camarín de *la Geperudeta*, una bella cúpula oval pintada por Antonio Palomino en 1701. En la puerta lateral que enfrenta con la catedral, se ha colocado recientemente ocho relieves en bronce, obra de Octavio Vicent, que relatan la historia y milagros de la patrona de Valencia.

El **Palau de la Generalitat**, cuyo hermoso torreón se alza enfrente, es obra comenzada a principios del siglo XV. A finales del mismo siglo intervino el famoso

Pere Compte, a quien se debe parte de las dos primeras plantas, el patio y la soberbia escalera de honor que surge en él y constituye uno de los más bellos ejemplos del gótico florido valenciano. La torre se proyectó a principios del siglo XVI y, a lo largo de los casi setenta y cinco años que duró su construcción, se fueron superponiendo los estilos gótico, renacentista y herreriano, pese a lo cual el edificio tiene una rara armonía y esplendorosa belleza que ha presidido durante casi cinco siglos la vida cívica valenciana. Desde la creación de las autonomías, es sede de la Presidencia de la Generalitat.

La entrada principal está en la calle Caballeros, y la posterior vierte hacia la recoleta plaza de Manises, donde le dan réplica institucional el **palacio de la Baylia** y el **palacio de la Scala y de los Boil (MN)**, todos ellos del siglo XVI pero muy refor-

Palau de la Generalitat

mado el primero en el siglo XIX y, el segundo –compuesto por dos casonas–, en los siglos XVII y XVIII. Son la sede actual de la presidencia de la Diputación Provincial y de algunos de sus servicios. La **calle Caballeros**, a la que volvemos, sigue el trazado del *decumanus* romano y suma a su antigüedad gran cantidad de edificios señoriales: en el número 8, una casa del siglo XIX con fachada historicista medieval; en el 22 el palacio de los marqueses de Malferit, del siglo XV con reformas del siglo XVIII; en el 26 se alza el palacio de los Mercader que se remonta al siglo XVI con fachada del siglo XVIII; en el 28 está el palacio de los condes de Alpuente; en el 29, el de los condes de Oliva que, pese a las reformas del siglo XVIII y XIX conserva en el patio los arcos rebajados del siglo XVI,

testigos de las brillantes fiestas y reuniones de refinamiento renacentista que dio la virreina Doña Germana de Foix cuando habitaba este palacio con su tercer marido, el duque de Calabria.

Desde esta calle merece la pena desviarse a derecha e izquierda para adentrarse en algunas callejuelas. De la plaza del Conde de Buñol parte hacia la derecha la calle Landerer, donde se encuentra la Sala Escalante, especializada en teatro infantil, con el acceso frente a la diminuta plaza de Valldigna. Calle adelante se abre el **Portal de la Valldigna**, uno de los pocos vestigios supervivientes de la muralla islámica del siglo XI. Este portal fue abierto, ya en 1400, para comunicar el barrio con el arrabal de la morería. Al otro lado del arco y sobre él, un retablo neogótico recrea el

momento en que el rey Don Jaime II descubrió el valle que da nombre al Portal. Atravesado este, en la misma calle llamada del Portal de la Valldigna, una placa en la pared de una casa recuerda que en aquel preciso lugar se instaló la primera prensa que funcionó en España, en la imprenta fundada por Don Alfonso Fernández de Córdoba y Lambert Palmart.

Volviendo sobre nuestros pasos y de nuevo en la calle Caballeros, encontramos a la izquierda, en el nº 35, un estrecho callejón al final del cual se produce el sorprendente descubrimiento de la **iglesia de San Nicolás (MN)**, erigida en 1245 y rehecha en 1419, bajo la rectoría de don Alfonso de Borja, más tarde Papa Calixto III. Su estilo gótico queda integrado en el interior por las pinturas al fresco de Antonio Palomino y su discípulo Dionís Vidal (1700). A su esplendor visual, se añaden riquísimas obras

1. *Palacio de la Scala y de los Boil*
2. *Portal de la Valldigna*
3. *Iglesia de San Nicolás*

de arte que hacen de esta una de las más valiosas iglesias valencianas: el retablo barroco del altar mayor (1693), los retablos de San Miguel y de Todos los Santos de Joan de Joanes, la Capilla de la Crucifixión de Maçip y Joan de Joanes, o la imagen de san José de Ignacio Vergara. La Capilla de la Comunión, del siglo XVIII tiene decoración rococó y zócalo de azulejos de la misma época. La puerta principal, con fachada neogótica del siglo XIX, recae a la plaza de San Nicolás, en un entramado de callejuelas y placitas –plaza del Horno de San Nicolás, plaza del Correo Viejo, plaza del Negrito– que nos transportan a un

Dos aspectos de la Galería del Tossal

tiempo pasado lleno de serenidad y placidez. Desde cualquiera de esas silenciosas callejas se puede regresar a la calle Caballeros que concluye en la plaza del Tossal, cuyo subsuelo conserva un lienzo y una torre de la ampliación de la muralla islámica (siglo XII), musealizada en la **Galería del Tossal** a la que se desciende por la misma plaza.

Desde esta plaza, la calle Bolsería conduce a la popular **plaza del Mercado**, centenario y entrañable núcleo de la vida cotidiana que agrupa tres edificios singulares: el edificio del mercado, la Lonja y la **Real Parroquia de los Santos Juanes** (MN), fundada en el siglo XIII, de bellísima y elegante fachada barroca. La remata un delicioso campanil con balcones y campana, coronado por una veleta con el emblema del evangelista San Juan: un águila conocida popularmente como *el pardalot de Sant Joan*. El interior, de una sola nave con capillas laterales, sorprende por su amplitud y riqueza decorativa, fruto de la profunda renovación barroca realizada entre 1693 y 1702; las trazas góticas del templo se ocultan bajo una profusión de marcos y guirnaldas de estuco con figuras alegóricas y esculturas exentas representando a Jacob y sus hijos, fundadores de las doce tribus de Israel, todo ello

1. *Iglesia de los Santos Juanes*
2. *Consulado del Mar*

obra del milanés Jacobo Bertessi. Las pinturas, que cubren por completo la bóveda, se deben al arte de Antonio Palomino, que las concluyó en 1701 y se encuentran en fase de restauración.

Frente a la iglesia, alza su imponente fachada la **Lonja de los Mercaderes (MN)**, edificio de un valor artístico tan universal que le ha valido el ser declarado **Patrimonio de la Humanidad** en 1996. Fue construido en tan solo quince años –de 1482 a 1498– por el maestro Pere Compte y su discípulo Joan Ibarra, e inmediatamente se le adosó el *Consolat del Mar*, iniciado por el mismo maestro y concluido, a su muerte, con un estilo renacentista visible en la maravillosa galería abierta de la última planta, con delicada labra, arcos conopiales y los característicos medallones con bustos afrontados. Ambos edificios están tan armónicamente integrados que constituyen un conjunto único y singular cuya maestría y belleza, expresión de una floreciente e intensa actividad comercial y marítima, es apreciable en cualquiera de sus fachadas y sus entradas, dos de ellas monumentales.

Traspasado el umbral de la puerta principal, recayente a la plaza del Mercado, sorprende y encanta el salón columnario, de planta rectangular, con tres naves de igual altura separadas por columnas helicoidales que dirigen la vista hacia la bóveda de crucería, y más parece introducirnos en un pétreo bosque de palmeras que en un salón de contratación. Con orgullo, los comerciantes proclaman las bondades y la dicha que espera al que practica su arte con honestidad en una leyenda escrita en letras de oro en torno al gran salón: «Casa famosa soy, en quince años edificada. Compatricios, probad y ved cuán bueno es el comercio que no lleva fraude en la palabra, que jura al prójimo y no le falta, que no da su dinero con usura. El mercader que vive de este modo rebosará riquezas y gozará por último de la paz eterna».

*La Lonja. Remate exterior
y salón columnario.*

*Interior de la Lonja.*
*Bóveda del salón columnario.*

Junto al salón se abre un sugestivo patio con naranjos en torno a una pequeña fuente. A sus pies, una escalera pétrea conduce al salón del Tribunal del Consolat, en cuyo techo se colocó, en 1920, el artesonado procedente de la *Cambra Daurada* de la desaparecida Casa de la Ciudad, una joya labrada, dorada y policromada entre 1418 y 1455, de tan extraordinaria calidad que el rey Alfonso el Magnánimo vino a la ciudad con el exclusivo objetivo de verla. La Lonja fue, en abril de 1599, escenario de una regia fiesta ofrecida con motivo de las dobles bodas reales celebradas en Valencia entre Felipe III y Margarita de Austria, y entre Isabel Clara Eugenia y el Archiduque Alberto, lo que testimonia la nobleza del lugar y la alta estima que suscitó a través de los siglos.

El **Mercado Central** es otra joya de la arquitectura valenciana. Su ubicación no ha cambiado desde que se tuviera la primera noticia de él, en 1261, como mercado de los jueves y, muy pronto, diario. En 1356, al quedar dentro del recinto de la muralla por el ensanchamiento de ésta, se convirtió en mercado central. El edificio, proyectado en estilo modernista por los arquitectos catalanes Francisco Guardia Vidal y Aleixandre Soler March, y edificado entre 1914-1928, es una sabia combinación de hierro, ladrillos, cerámica y cristal, cúpulas y dilatadas naves que acogen el gozoso encuentro de los valencianos con los frutos de la tierra y lo celebran con una orgía de luz y espacio. La cúpula central, de 30 metros de altura, se remata con una veleta en forma de cotorra y evoca la charla interminable en la que se asienta la cordial relación de compra y venta. Las callejuelas en torno al mercado gozan del mismo calor popular, especialmente conservado en la calle Lonja, plaza del Dr. Collado, plaza Lope de Vega y la singular **plaza Redonda**, trazada por Salvador Escrig en la primera mitad del siglo XIX. Las casas, de tres plantas, se levantan en círculo dejando en su centro un espacio redondo con una fuente de finales del siglo XIX, arropada por un anillo de casetas de madera. Mercerías, ropas confeccionadas, comercios de cerámica, pequeños bares, llenan de vida este espacio que los domingos y festivos gana en animación con puestos ambulantes de animales y objetos de segunda mano.

*1. Plaza Redonda*
*2. Exterior del Mercado Central*

*Torre de Santa Catalina*

*Detalle en Burjassot*

al interior del templo su aspecto gótico, con tres naves y girola, aunque la ha dejado desprovista de calor.

Este amplio recorrido, del que cabe hacer recortes y extensiones, nos ha llevado por una ciudad tan monumental en sus espacios y construcciones como humana en el impulso que los ha creado y sigue disfrutando de ellos. Los días de fiesta el aire se impregna de olor a chocolate y a buñuelos, a pólvora y estruendo de cohetes mientras las largas ramas de las palmeras y la brisa del mar abanican las calles con mediterránea parsimonia.

## Escapada por los alrededores de Valencia

Valencia es capital de la comarca de L'Horta, una gran extensión con cuarenta y tres municipios desplegados a su alrededor como un abrazo. Alquerías islámicas desperdigadas por la fecunda huerta valenciana, de las que en el momento de la conquista se contabilizaban más de mil quinientas, se fueron convirtiendo en municipios dedicados a la agricultura merced a un sistema de regadío intensivo que tenía su principal valor en las acequias que recorrían sus campos y los vestían de una rara belleza. En el siglo XX se produjo un fuerte crecimiento y grandes transformaciones económicas por la industrialización de la comarca en detrimento del trabajo del campo. No obstante, el paisaje de huerta aún se mantiene parcialmente en l'Horta Nord y conviene disfrutarlo, ya que la fuerte presión urbanística amenaza un entorno singular del que solo gozan otras cuatro áreas de Europa.

Estos municipios están a muy corta distancia unos de otros y bien comunicados mediante una compleja red de carreteras. Podemos empezar por **Alboraia**, a donde se llega siguiendo la calle del mismo nombre que surge desde la orilla izquierda del Turia, junto al Museo de Bellas Artes San Pío V. Hay que prestar atención, porque está prácticamente unida al casco urbano de Valencia. Se identifica, sin embargo, por sus abundantes *orxateríes* en las que recomendamos vivamente detenerse a tomar una *orxata amb fartons* antes de visitar la iglesia de Santa María, de factura barroca (siglo XVII). **Tabernes Blanques** ofrece el atractivo de ser cuna de las porcelanas Lladró, cuya factoría, tienda y museo con una selecta colección de pintura cuentan con horario de apertura al público. **Albalat dels Sorells** ubica su Ayuntamiento en el delicioso palacio de los condes de Albalat, una antigua fortaleza del siglo XV con cuatro torres, ventanales góticos, galería de arquillos en el ático e ingreso mediante un arco de medio punto adovelado. En el interior hay un patio con escalera descubierta según el modelo clásico de las mansiones nobiliarias valencianas del siglo XIV y XV. La iglesia de los Santos Reyes es del XVIII con cúpula y fachada barrocas. A través de **Moncada**, donde el antiguo Seminario Metropolitano (1955-1966), obra de grandes pretensiones y monumentalidad aco-

Saliendo de ella por el arco que desemboca en la plaza Lope de Vega, casi tropezamos con la **iglesia de Santa Catalina (MN)** y su esbelta torre barroca, de planta hexagonal y seis cuerpos de altura rematados por una torrecilla, obra de Juan Bautista Viñes, quien la realizó entre 1688 y 1705 con tan feliz acierto que aún hoy constituye un hito indiscutible del paisaje urbano. La iglesia, una de las primeras fundadas en Valencia, con el característico estilo gótico valenciano, sufrió transformaciones a lo largo de los siglos y daños tan graves en la guerra civil que fue necesaria su reconstrucción. Esta ha devuelto

ge el Centro de Estudios Universitarios (CEU), nos dirigimos a **Godella**, ciudad natal del insigne pintor Ignacio Pinazo (1849-1916) cuyo legado forma parte de los bienes fundacionales del IVAM. En esta localidad, favorita para el veraneo de muchos valencianos, se encuentra la Casa-Museo de los Pinazo. **Burjassot** marca, con un pequeño pozo en la plaza del Pouet, el área donde estuvo su primer núcleo urbano. Frente a él, al otro lado de la carretera, está la imponente fachada neogótica del Colegio Mayor del Beato Juan de Ribera, fundado en 1926 sobre la base de un palacio medieval, muchas veces restaurado. A escasa distancia, precedida de la espaciosa plaza dels Furs, se alza la iglesia parroquial del Arcángel San Miguel, templo renacentista de monumental fachada e interior de tres naves con crucero, cúpula octogonal sobre tambor y bóveda de cañón con lunetos. Tiene una rica decoración con talla dorada, paredes estucadas imitando mármoles y una importante serie de imágenes de los 12 apóstoles en la nave y el crucero; el altar mayor está presidido por las imágenes de San Miguel Arcángel y la Purísima Concepción. Desde la plaza de Emilio Castelar, donde se halla el Ayuntamiento, se accede por una escalera al lugar más singular y pintoresco de este municipio: el conjunto del Pati de Sant Roc, más conocido como **Los Silos** (MN), una gran explanada cuadrada bajo la cual se encuentra una serie de 43 silos excavados en la tierra. Los problemas de abastecimiento de trigo para alimentar a la población de Valencia impulsaron a los *Jurats* de dicha ciudad a buscar un lugar en el que almacenar el grano durante largos periodos de tiempo, de modo que se contara con reservas suficientes de este alimento básico para los

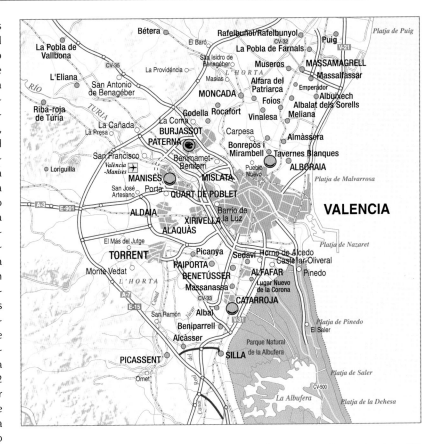

momentos de escasez. Eligieron para ello Burjassot y construyeron los tres primeros silos en 1573, ampliando sucesivamente su número de acuerdo con sus necesidades, hasta llegar al último en 1806. Sobre la explanada se ven diseminados los *pilons* o tapaderas de los silos. A ella recae la ermita de Sant Roc, edificada por mandato del patriarca Juan de Ribera en el siglo XVII, rematando con ello un conjunto monumental y entrañable. Solo tres kilómetros se han de recorrer para llegar a **Paterna**, otro carismático municipio conocido más allá de nuestras fronteras por su cerámica, que

ya brillaba en Europa durante los siglos XIII al XV, y por la pólvora, con la que se fabrican y exportan a todo el mundo petardos y cohetes. Se la identifica por el potente contorno de su Torre Grossa, de origen ibero o romano pero de la cual solo se tienen noticias de época islámica. Ubicada en las inmediaciones de las calles la Torre y Mestre Soler, a su alrededor estaban las *coves*, viviendas subterráneas del siglo XIX. Algunas de ellas se destinan a usos culturales, como las *Coves del Batà*, convertidas en museo. El Ayuntamiento se ubica en el palacio de los Condes de Villapaterna

### Monumentos y museos

#### MONUMENTOS NACIONALES (MN)

Catedral; basílica de Nuestra Señora de los Desamparados; palacio de la Scala y de los Boil; Lonja de los Mercaderes (Patrimonio de la Humanidad); iglesia de San Nicolás; Real Parroquia de los Santos Juanes; iglesia de Santa Catalina; Estación del Norte.

#### MONUMENTOS

**Basílica de Nuestra Señora de los Desamparados**
De 8:30 a 14 y de 16 a 21 h.

**Catedral y Museo**
Plaza de la Reina, s/n
963 918 127
Lunes a sábados, de 8:30 a 20:30 h. Domingos, de 14 a 17:30 h. Visitas guiadas: lunes a sábados, de 10 a 17:30 h; domingos y festivos, de 14 a 17:30 y en verano se prolongan hsta las 18:30 h.

**Galería del Tossal**
Plaza del Tossal, s/n (sólo con exposiciones) 962 084 403
Martes a sábados, de 10 a 14 y de 16:30 a 20:30 h. Domingos y festivos, de 10 a 15 h.

**Iglesia de San Nicolás**
Lunes, de 7:30 a 13 y de 16 a 20 h. Martes a sábados, de 9:30 a 11 y de 18:30 a 20 h. Domingos y festivos, de 10 a 13 h.

**Iglesia de Santa Catalina**
Lunes a sábados, de 10 a 13 y de 17:30 a 19:30 h.

**Lonja de los Mercaderes**
Plaza del Mercado, s/n
963 525 478 Martes a sábados, de 10 a 14 y de 16:30 a 20:30 h. Domingos y festivos, de 10 a 15 h.

#### MUSEOS EN LOS ALREDEDORES DE VALENCIA

**• Godella**
**Casa-Museo Pinazo**
C/ Pintor Pinazo, 31
963 631 103
(Concertar visitas).

**• Manises**
**Museo Municipal de la Ceràmica**
C/ Sagrari, 22
961 521 044
(Martes a sábados, de 10 a 13 y de 16 a 19 h. Domingos y festivos, de 11 a 14 h).

**• Paterna**
**Espai Cultural Coves del Batà**
Senda de Batà, s/n Martes a sábados, de 10 a 14 y de 16 a 20 h Martes a viernes de 17 a 20 h. Concertar visita: 961 384 830

**Museu Municipal de Ceràmica**
Pl. del Pueblo, 1
961 379 657
Martes a viernes, de 10 a 14 y de 17 a 20:30 h. Sábados, domingos y festivos, de 11 a 14 h.

**• Tabernes Blanques**
**Lladró**
Visita a la fábrica, tienda y museo. Concertar visita:
900 200 010
De lunes a viernes de 9 a 14 y de 15 a 18 h. Visitas guiadas a las 10, 12 y 15 h.
Sábados y domingos.

*Torre de Paterna*

(1760), completamente remodelado. y cerca de él, en la plaza del Pueblo, está el *Museo Municipal de Cerámica* con una interesante colección que abarca del siglo XIII al XVII. Un par de kilómetros más, y estamos en **Manises**, población tan intensamente azulejera que no solo ha dado su nombre a estas piezas, sino que lo refleja en sus numerosas tiendas y talleres, en sus edificios y monumentos, un conjunto que llena de luz y color sus callejuelas de traza islámica. Ya en el siglo XV su cerámica era tan famosa que vestía las mesas de los palacios de toda Europa, y el propio rey Alfonso V *el Magnánimo* vino a visitarla para adquirir la vajilla del palacio Real de Valencia. La *iglesia de San Juan Bautista* (siglo XVIII)

*Fábrica de cerámica en Manises*

## Alojamientos

*Para alojamientos en esta ruta, ver página 55.*

## Más información

*Para oficinas de información y transporte turístico en esta ruta, ver página 53.*

## Restaurantes

### EN LOS ALREDEDORES DE VALENCIA

• *Alaquàs*
**La Sequieta**
Camí Vell de Torrent
✆ 961 500 027

• *Pinedo*
**Marrasquino Mar**
Ctra. de Pinedo-Saler (frente a sala Canal) ✆ 963 248 345

*Para otros restaurantes en esta ruta, ver página 55.*

es buena muestra de la omnipresencia de la cerámica, y su cúpula con tejas de reflejo metálico dorado es la más esplendorosa de la huerta. Las calles del centro histórico, los monumentos al obispo Soler, al Ceramista Gimeno y la cruz monumental, son recreo y asombro para la vista. El Museo Municipal de Cerámica, por su parte, hace un recorrido desde el Neolítico hasta la actualidad, pasando por sus brillantes siglos XIV al XVI, con

los reflejos dorados y azules de la tradición islámica que le dieron fama merecida. **Alaquàs**, a cuatro kilómetros, se enorgullece del magnífico Castillo-Palacio edificado por el primer conde de Alaquàs en 1548. Recientemente, tras un proceso de restauración rigurosa, ha recuperado su aspecto primitivo y se destina a usos culturales. **Torrent**, además del atractivo de su Torre Musulmana de 30 metros de altura que se encuentra en la plaza Major, goza del apacible Hort de Trénor, un parque

municipal de 20.000 metros cuadrados que tiene como origen un convento del siglo XVI; L'Auditori de música, que se ha ganado un puesto de honor en la cultura musical por una programación rica y rigurosa, y el Museu Comarcal de L'Horta Sud, de la Diputación, con una estupenda colección etnológica. Por último, en **Catarroja**, a solo cinco kilómetros de Valencia, dentro del Parque Natural de la Albufera, y también gestionado por la

Diputación, está el interesante Museu de les Barraques –las barracas eran las casas típicas de la huerta valenciana–, que muestra el hábitat y la vida de los antiguos moradores del entorno de la Albufera y ofrece información sobre el Parque Natural.

*Aspecto de Alaquàs*

## CERÁMICA Y FUEGO

**Manises** celebra el 18 de julio las fiestas en honor de las santas Justa y Rufina y las festeja regalando, en la Cabalgata de la Cerámica que se celebra por la tarde, objetos de ese material. **Paterna,** en cambio, se viste de fuego en su famosa *Cordà* la madrugada del último domingo de agosto. Una fiesta que culmina con el disparo, durante media hora, de miles de cohetes que serpentean entre los tiradores.

## RUTA 3. POR LAS ORILLAS DEL TURIA. DEL PARQUE DE CABECERA AL MUSEO DE BELLAS ARTES SAN PÍO V

En el siglo XIX se decía que no había ciudad en Europa que dispusiera de unas defensas contra las crecidas fluviales tan colosales como las de Valencia. Desde el siglo XVI se construyeron y ampliaron los pretiles del río hasta alcanzar los más de trece kilómetros de longitud, entre las dos riberas, que tienen actualmente. Pese a ello, el rebelde Turia la ha asolado tantas veces que, tras la última gran riada de 1957, su curso fue canalizado y desviado al sur del núcleo urbano, liberándolo de aquel riesgo. Así, el antiguo cauce del Turia quedó convertido en pulmón de la ciudad. Como una sinuosa serpiente, el tajo que

antes fue río se desliza entre árboles y puentes. En las riberas, viejos y nuevos jardines, venerables edificios y construcciones de vanguardia, aúnan cultura material y naturaleza en una mezcolanza que despoja a Valencia de tópicos anticuados y sintetiza su peculiar y mediterránea belleza.

En el límite del término municipal de Valencia con el vecino municipio de Mislata, junto al moderno puente Nou d'Octubre comienza el ajardinamiento de las riberas del río en dirección al mar con el **Parque de Cabecera**, desarrollado sobre la margen izquierda. Pese a su juventud, los prados, los bosquecillos y el lago

ocupan ya una importante extensión de terreno, y está previsto que, a su conclusión, sea el más grande de Valencia. Frente a él, en la orilla derecha y bajo un pequeño jardín urbano, se hunde en las entrañas de la ciudad el **Museu d'Història de València**. Aislada de los ruidos, atrapada en la magia de los arcos de ladrillo que sustentan el espacio –un depósito de agua de mediados del siglo XIX– la historia de la ciudad se hace nuestra y, a la vez, se apropia de nosotros mediante una equilibrada combinación de bienes materiales y recursos tecnológicos. A través de restos romanos y visigodos, cerámica islámica,

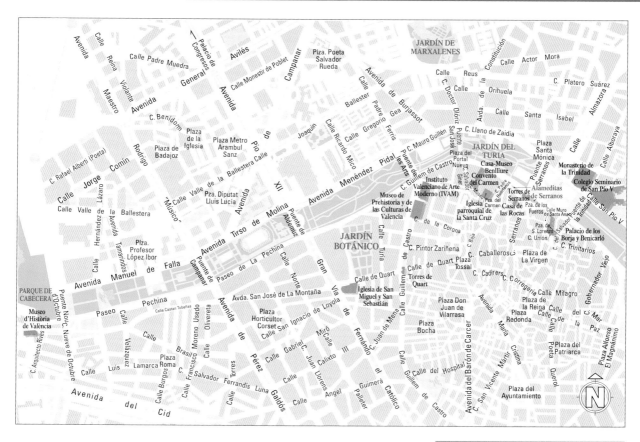

pinturas, entre ellas la tabla de Juan de Juanes *La Sagrada Familia con San Juanito*, indumentaria, obra gráfica y una singular máquina del tiempo, la ciudad deviene presente a través del pasado y adquiere consistencia humana.

Pasado el puente de Campanar, en el cauce se suceden las instalaciones polideportivas y de atletismo circundadas de pinos, palmeras datileras, alcornoques, encinas y naranjos. El siguiente puente, el de Ademuz, es el nexo de enlace entre el área de expansión urbanística más activa de los últimos años en la margen izquierda,

donde se encuentra el moderno **Palacio de Congresos** diseñado por el arquitecto Norman Foster, y la orilla derecha, que penetra hacia el centro de la ciudad con la avenida Fernando el Católico. Esta última se cruza con la calle Quart, paralela al río, que a poco de empezar se amplía en la plaza de San Sebastián, apenas un respiro con unos cuantos árboles para que luzca la fachada de la **iglesia de San Miguel y San Sebastián (MN)**. Este templo, realiza-

*Parque de Cabecera*

**1.** *Iglesia de San Miguel y San Sebastián*
**2.** *Palacio de Congresos*
**3 y 4.** *Jardín Botánico*

do por José Cardona entre 1725 y 1739 y muy admirado por los arquitectos neoclásicos, es el único resto conservado del convento de Mínimos de San Francisco de Paula. En el interior, de planta de cruz latina con cúpula sobre el crucero, son reseñables la capilla dedicada al beato Gaspar Bono, de planta circular con hermosa cúpula y pinturas de Salvador Maella, y la dedicada a San Francisco de Paula. Destaca el zócalo de azulejos de estilo rococó que recorre toda la iglesia, fabricado en 1742 y considerado el más completo y vistoso de Valencia.

Formando uno de los costados de la plaza, está el moderno edificio de investigación por el cual se accede al **Jardín Botánico**. Aun cuando está documentada su fundación en 1567, su emplazamiento actual se remonta al año 1802. Dependiente de la Universidad de Valencia, goza de gran prestigio en Europa por sus interesantes y completísimas colecciones con ejemplares de todo el mundo. Algunas de sus construcciones son singulares, como el invernadero tropical, pieza única en España de la arquitectura de hierro de la época (1860-1862), o el umbráculo, construido en 1897 y que sin duda ha sido modelo de otros posteriores. El espacio se estructura de modo que la organización científica de las plantas, lejos de restarle encanto, sumerge al visitante en su universo vegetal, apacible y sugerente en el que las palmeras, cactus, plantas medicinales, árboles y arbustos de todos los continentes, el sol y las espesas sombras, forman una isla de tranquilidad y verdor.

Apenas ponemos el pie de nuevo en la calle, las poderosas **Torres de Quart** (MN), que se levantan al fondo, atraen irresistiblemente la vista. Ante esta imponente puerta se encontraban quienes llegaban a

*Torres de Quart*

Diferentes aspectos
del Museo de Prehistoria

Valencia por el camino de Quart de Poblet, localidad de la que toma el nombre. Encargada por los *Jurats* de Valencia para sustituir el sencillo portal que hasta entonces cerraba la muralla, su construcción se prolongó desde 1441 hasta 1460 y en ella tomaron parte, entre otros, los arquitectos Pere Bonfill, Jaume Pérez y Pere Compte. Los dos torreones cilíndricos que avanzan hacia el exterior y enmarcan el arco de medio punto de la puerta, conser-

van las huellas de los impactos causados por la artillería francesa en la guerra de la Independencia, y de las tropas del general Martínez Campos en su ofensiva contra el Cantón. La parte que recae al interior de la ciudad está achaflanada y abierta, dejando a la vista góticos arcos apuntados y bóvedas de crucería. Además del uso defensivo, las torres realizaron funciones de polvorín, cárcel de mujeres arrepentidas y prisión militar, hasta que fueron restituidas a la ciudad en 1931.

Las murallas de Valencia se derribaron en el siglo XIX para dar trabajo a los parados y permitir el ensanchamiento de la ciudad. Subsiste un tramo de **muralla** adosado a estas torres y acompañado por un jardincillo, en el que se levanta el monumento en bronce que representa a

Vicente Doménech, **El Palleter**, un humilde vendedor de paja que el 23 de mayo de 1808, al conocer la abdicación de Fernando VII, declaró la guerra al francés y a su encendida llamada –*el crit del palleter*– la ciudad se alzó en armas. Realizada en 1901 por Emilio Calandin, es una imagen que refleja el alma popular, heroica y huertana. Este jardincillo continúa a lo largo de la calle Guillem de Castro en dirección al río y acoge un monumento a Cervantes, cuya escultura en bronce es obra de Benlliure. En el cruce con la cercana calle de la Corona se encuentra el **Museo de Prehistoria y de las Culturas de Valencia**, ubicado en un gran edificio construido en el siglo XIX como Casa de Beneficencia, función que ha dejado su huella en el nombre con que se conoce el complejo cultural. Este magno edificio, estructurado en torno a ocho patios simétricos, contiene en el primero de ellos una iglesia inaugurada en 1883, obra de

*En esta página, tres vistas del IVAM*

Joaquín María Belda, ejemplo admirable y único en Valencia de decoración neobizantina en el interior, donde brilla un universo abigarrado y colorista, sorprendente, que alberga en la actualidad el salón de actos. El Museo de Prehistoria recoge el fruto de una larga y prestigiosa tradición de investigación prehistórica e histórica de la provincia de Valencia y constituye una fuente de primer orden para el conocimiento de las diversas culturas que tuvieron asiento en estas tierras. Abarca desde hace 250.000 años hasta la época visigoda. Sus colecciones etnológicas son también muy apreciables. En la misma calle de la Corona se puede admirar la fachada del edificio neogótico del Asilo del Marqués de Campo, de 1882.

Volviendo a la calle Guillem de Castro y siguiendo la fachada de la Beneficencia hacia el río, se llega al acceso principal del **Instituto Valenciano de Arte Moderno (IVAM)**. El edificio, de nueva planta, es obra de los arquitectos Carlos Salvadores y Emilio Giménez y quedó concluido en 1989. Creado con vocación de convertirse en un referente cultural de las artes plásticas contemporáneas, se ha consolidado con colecciones y firmas de indiscutible relieve internacional como Julio González,

Ignacio Pinazo, Picasso, Chillida, Oldemburg y Equipo Crónica, entre otros, a los que se suman exposiciones temporales de alto nivel. Continuando río abajo por la misma orilla, apenas rebasado el puente de San José, entre el pretil del río y

la calzada florecen los jardines conocidos popularmente como las **Alameditas de Serranos**, románticas franjas verdes que nacieron en 1830 para embellecer los dos costados de las Torres de Serranos. Se fueron enriqueciendo con pequeños monu-

Casa-Museo Benlliure.
Estudio de Don José.

## ARTISTAS ENTRE SIGLOS

A caballo entre los siglos XIX y XX, Valencia dio al mundo varias figuras de gran relieve internacional.
En literatura, el novelista **Vicente Blasco Ibáñez** (1867-1928) alcanzó las cotas más altas con *La Barraca,
Cañas y Barro,* o *Los cuatro jinetes del Apocalipsis,* y su recuerdo se conserva en la Casa-Museo
Blasco Ibáñez. **Joaquín Sorolla** (1863-1923), el pintor de la luz mediterránea, colocó la pintura
española entre lo más apreciado del panorama internacional. **Mariano Benlliure** (1862-1947) fue el
escultor más reconocido de su época, y su hermano, el pintor **José Benlliure** (1872-1937), dejó
testimonio de su buen hacer pictórico en el que fue su domicilio, en la actualidad Casa-Museo Benlliure.

mentos para homenajear a personajes ilustres –como Ferrer Calatayud, Azorín, Salvador Tuset y otros– y hoy constituyen un breve anticipo de las delicias del cauce. Entre el *Busto de Peppino Benlliure,* obra del escultor José Capuz y *La niña,* delicado bronce de Esteve Edo, se interpone una fuente con surtidores, todo ello frente a la que fuera casa familiar de una de las ramas de los Benlliure, convertida en **Casa-Museo Benlliure**, a la que se accede por el número 25 de la calle Blanquerías. Al traspasar su umbral se penetra en la Valencia burguesa de principios del siglo XX y en el ambiente artístico, más bien decimonónico, de entre siglos. Don José Benlliure, miembro destacado de una saga de artistas, tras muchos años de trabajo en Roma se instaló definitivamente en esta casa y en ella concluyó sus días. Además de la vivienda y las salas que exhiben sus pinturas y las de su hijo Peppino, son memorables el jardín y el estudio. El espacio fresco, solitario y romántico del jardín une y separa el ámbito de la familia, ordenado según pautas convencionales, del mundo del artista, abigarrado y sugerente, íntimo y público a la vez.

A sus espaldas, en la calle Museo a la que puede accederse bien por la plaza del Portal Nuevo y calle Salvador Giner, bien por la calle Padre Huérfanos y plaza del Carmen, están la **iglesia parroquial de la Santa Cruz** y el **convento del Carmen**. Forman parte del mismo conjunto monumental si bien, tras la desamortización del siglo XIX, la iglesia conventual se transformó en parroquia y el convento en sede del Museo Provincial de Pintura y

*En esta página, dos imágenes del convento del Carmen*

*Palacio de Pineda*

Escuela de Bellas Artes. La iglesia tiene prácticamente ocultas sus trazas góticas (siglo XIV). Tanto la torre campanario como la ampliación hasta su tamaño actual y la fachada fueron obra del siglo XVII, proyectada y en gran parte dirigida por fray Gaspar de Santmartí, con importantes esculturas de Leonardo Julio Capuz en la monumental portada a modo de retablo. En el interior se conservan interesantes obras de los siglos XV y XVI y la hermosa capilla de la Virgen del Carmen, con una sugestiva cúpula oval. El convento, por su parte, constituye una completa lección de arquitectura valenciana: refectorio y sala capitular del siglo XIV; claustro gótico construido en los siglos XIV y XV y un sobrio claustro renacentista levantado hacia 1600, obras muy notables a las que se sumarían las reformas barrocas del si-

glo XVII en la clausura y la iglesia, y las realizadas en los siglos XIX y XX para adaptarlo a sus nuevas funciones. El convento depende de la Conselleria de Cultura (Centre El Carme) y acoge exposiciones temporales que permiten la contemplación parcial del conjunto.

La **plaza del Carmen**, a la que recae la fachada de la iglesia, se cierra por el lado opuesto con el **palacio de Pineda**, del siglo XVIII, construido por encargo del Justicia Mayor de Valencia para su residencia privada. Es sede de la Universidad Internacional Menéndez Pelayo, lo que suele aportar movimiento a la placita, presidida por un monumento dedicado a Juan de Juanes, el más insigne pintor renacentista que han dado estas tierras, que vivió y trabajó en este barrio hasta su muerte en 1579. Junto a la plaza, dando aire al costado de la iglesia, se abre el jardincillo de la calle Padre Huérfanos, escenario de otro monumento, la *Fuente de los Niños*, un relieve del escultor Mariano Benlliure, fundido y colocado aquí en 1962 en honor suyo con motivo del centenario de su nacimiento. Desde esta plaza, por la calle Roteros y haciendo esquina con la calle de las Rocas, encontramos un viejo edificio de escaso interés arquitectónico pero venerable antigüedad, ya que se remonta al siglo XV: la **Casa de las Rocas**, así llamada por haber sido construida para albergar en su interior las *rocas* y otros objetos utilizados en las fiestas del Corpus, que pueden admirarse durante todo el año.

Desde esta calle se sale a un costado de las **Torres de Serranos (MN)**, casi al pie de la bella escalinata exterior que asciende a los pisos superiores. Es aconsejable cruzar y situarse junto al pretil del puente de Serranos para contemplar a cierta distancia la magnífica puerta, monumental en-

## LAS ROCAS

Las rocas son grandes carros con figuras y pinturas alegóricas en los que, a modo de escenario móvil, se representaban antaño autos sacramentales mientras desfilaban por las calles durante la procesión del Corpus. Las más antiguas son las de *San Miguel* de 1535, y *La Diablera*, *La Fe* y *La Purísima*, las tres de 1542. Estos carros, junto con otros más modernos y figuras simbólicas como las águilas o el dragón llamado *la tarasca* siguen participando en la procesión, una de las más vetustas de España. Durante el resto del año se guardan en la Casa de las Rocas, donde pueden verse dentro de un horario de visitas.

*Torres de Serranos*

trada a la ciudad desde el norte, precedida de un profundo foso. Este magno portal se inscribe en las obras de fortificación que había emprendido la ciudad a finales del siglo XIV, construyendo una nueva y más amplia muralla en el contexto de los conflictos entre Pere IV el *Cerimoniós* y su rival castellano Pedro I el Cruel. Las Torres imponen y seducen por la radical potencia que transmiten y por su casi cortesana belleza: son un prodigio de equilibrio entre lo hermoso y lo útil, la defensa y la acogida, el más bello ejemplo de arquitectura

militar del siglo XIV. Construido por Pere Balaguer entre 1393 y 1398 por encargo de los *Jurats* de Valencia, el portal se compone de dos torres de tres plantas y base pentagonal, unidas entre sí por un muro en el que se inscribe el arco adovelado que da paso al interior de la ciudad. Un matacán corrido por la parte superior une ambas torres con el cuerpo central, decorado este último por una arquería ciega flamígera de exquisita finura y belleza. Entre el siglo XVI y el XIX las torres fueron prisión de nobles y caballeros, lo que las salvó de ser demolidas en 1868, como ocurrió por desgracia con la muralla y las restantes puertas. Durante la guerra civil, además de prisión, fue depósito de importantes obras de arte del Museo del Prado. Desde este monumento se realiza la *crida*, la invitación de la Fallera Mayor de Valencia a celebrar las Fallas y dar la bienvenida a sus visitantes.

Por expreso deseo de los *Jurats*, las Torres estaban abiertas hacia el interior de la ciudad, de manera que no pudieran ser utilizadas contra sus habitantes. Esta cara interior recae a la **plaza de los Fueros**, desde donde puede accederse al monumento. Siguiendo por un breve tramo la calle Conde de Trénor que discurre a la vera del río, hallamos la calle Muro de Santa Ana que penetra hacia el centro y concluye en la plaza de San Lorenzo. A ella ofrece la fachada principal el **palacio de los Borja y Benicarló** (siglo XV), construido por los Borja en el esplendor de su extraordinaria carrera eclesiástica, que había brillado ya con el papado de Calixto III y culminaría

*1. Plaza de los Fueros y Torres de Serranos. Vista interior de las Torres de Serranos.*
*2. Palacio de los Borja y Benicarló*

*Museo de Bellas Artes*

## SOR ISABEL DE VILLENA

Hija bastarda de un noble de la Casa de los Trastámara, nació en Valencia en 1430 y se educó en los ambientes próximos a Alfonso el Magnánimo. Profesó en el convento de la Santísima Trinidad de Valencia, del que sería abadesa desde 1463 hasta su muerte en 1490. Fue la primera escritora conocida en lengua valenciana y su obra *Vita Christi* alcanzó gran repercusión. Su gran originalidad es completar con su prodigiosa imaginación la vida de Cristo, que convierte en una vida de la Virgen María. En ella defiende el papel de las mujeres, su firmeza y honestidad. Se ha visto en esta obra una contundente y magistral respuesta a la misoginia que impregnaba la literatura medieval.

con el de su sobrino Alejandro VI. De la obra original queda apenas el gran portal adovelado y una galería superior con arcos florenzados, protegida por un gran alero de madera. El palacio quedó muy abandonado en el siglo XVIII y desde el XIX numerosas reformas han transformado su fisonomía externa e interna. Del interior son

## Monumentos y museos

### MONUMENTOS NACIONALES (MN)

Iglesia de San Miguel y San Sebastián; Torres de Quart; Torres de Serranos; Real Monasterio de San Miguel de los Reyes.

### MONUMENTOS

**Torres de Serranos**
Plaza de los Fueros, s/n
℗ 963 919 070
⊙ Martes a sábados, de 10 a 14 y de 16:30 a 20:30 h. Domingos y festivos, de 10 a 15 h.

### MUSEOS

**Casa de las Rocas**
C/ Rocas, 3 ℗ 963 153 156
⊙ Martes a sábados, de 10 a 14 y de 16:30 a 20:30 h. Domingos y festivos, de 10 a 15 h.

**Casa-Museo Blasco Ibáñez**
Avda. Isabel de Villena, 157
℗ 962 082 586
⊙ Martes a sábados, de 10 a 14 y de 16:30 a 20:30 h. Domingos y festivos, de 10 a 15 h.

**Casa-Museo Benlliure**
C/ Blanquerías, 23
℗ 963 911 662
⊙ Martes a sábados, de 10 a 14 y de 16:30 a 20:30 h. Domingos y festivos, de 10 a 15 h.

**IVAM**
C/ Guillem de Castro, 118
℗ 963 863 000
⊙ Martes a domingos, de 10 a 20 h. Julio y agosto, de 10 a 22 h.

**Museo de Bellas Artes de Valencia**
C/ San Pío V, 9
℗ 963 870 300
⊙ Martes a domingos y festivos, de 10 a 20 h.

**Museo de Historia de Valencia**
Acceso por c/ Valencia (a la entrada de Mislata)
℗ 963 701 105
⊙ Martes a sábados, de 10 a 14 y de 16:30 a 20:30 h. Domingos y festivos, de 10 a 15 h.

**Museo de Prehistoria y de las Culturas de Valencia**
(Centro La Beneficencia)
C/ de la Corona, 36
℗ 963 883 565. Concertar visitas en el 963 883 579
⊙ Martes a domingos, de 10 a 20 h.

### JARDINES

**Jardín Botánico**
C/ Quart, 80 ℗ 963 156 800 y 963 156 817
⊙ Martes a domingos, de 10 a 19 h. De abril a septiembre, de 10 a 20 h.

destacables las pinturas techales de Ignacio Pinazo (1900), y una efectista escalera oval. Es la sede de las **Cortes Valencianas**.

*En esta página, dos salas del Museo de Bellas Artes*

Rodeando el palacio por la calle Unión y tomando luego a la izquierda la del Salvador, se llega de nuevo al río a la altura del Puente de la Trinidad. En la otra orilla destacan dos edificios monumentales: frente al puente, los severos muros que ocultan el gótico **monasterio de la Trinidad**, fundado por la reina doña María, esposa de Alfonso el Magnánimo, y del que fue abadesa en el siglo XV Sor Isabel de Villena. La clausura impide que pueda visitarse esta joya del mayor interés histórico y artístico. A la derecha del puente se vislumbra la gran cúpula de azules tejas vidriadas y las torrecitas gemelas del **Colegio Seminario de San Pío V**, sede del **Museo de Bellas Artes de Valencia**, complejo barroco de gran personalidad y elegancia que caracteriza y embellece con su rotunda presencia la orilla izquierda del río. Se entra a través de la iglesia, retranqueada y precedida de un pequeña rotonda. Es obra de José Mínguez y Juan Pérez, sobrino e hijo respectivamente del arquitecto Juan Bautista Pérez Castiel, autor de las trazas del magno Colegio, que se estructura en torno a un sobrio y acogedor claustro. Los fondos de este Museo, considerado la segunda pinacoteca de España, abarcan desde el gótico hasta principios del

siglo XX. Marçal de Sas, Reixach, Juan de Juanes, Ribera, Ribalta, Velázquez con su *Autorretrato*, Goya, Benlliure y Sorolla, son algunas de las firmas representadas. El renacentista patio del embajador Vich ha sido reconstruido en su interior.

## Más información

Para oficinas de información y transporte turístico en esta ruta, ver página 53.

## Alojamientos

Para alojamientos en esta ruta, ver página 55.

## Restaurantes

Para restaurantes en esta ruta, ver página 55.

Obra de Goya en el Museo de Bellas Artes

## EL ESCORIAL VALENCIANO

En 1546 se encargó al arquitecto toledano Alonso de Covarrubias la realización del **Real Monasterio de San Miguel de los Reyes (MN).** Además de proclamar la magnificencia de sus comitentes y albergar un monasterio jerónimo, debía constituir el regio panteón del Duque de Calabria y su consorte, la virreina Germana de Foix. El conjunto constituye una obra emblemática del renacimiento, con dos grandes claustros y una magnífica iglesia, cuya fachada principal está flanqueada por dos torres gemelas. Entre ellas se alza la bellísima portada en cuyo centro destaca el Arcángel San Miguel. Esta magna obra, que se ha llegado a conocer como «el Escorial valenciano», es en la actualidad sede de la Biblioteca Valenciana.

# RUTA 4. POR LAS ORILLAS DEL TURIA. DE LOS JARDINES DEL REAL A LA CIUDAD DE LAS ARTES Y LAS CIENCIAS

Al costado del Museo de Bellas Artes San Pío V se extienden los Jardines del Real, más conocidos como los **Viveros**, referencia a los viveros de árboles que, desde el siglo XVI, se ubicaban aquí. Es el jardín más notable por su historia y por la profusión de esculturas que lo embellecen. Ya en el siglo XI se levantaba, sobre la parte más antigua, la quinta de recreo del monarca musulmán Abd-al-Aziz, ampliada y transformada en alcázar regio por el

*Jardines del Real*

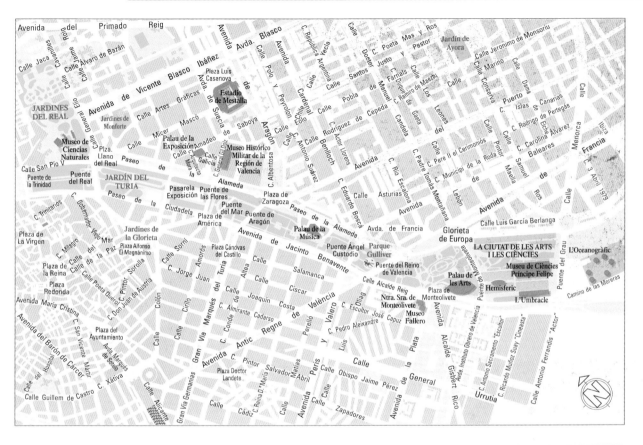

conquistador Jaime I. Conocido con el nombre de Palacio del Real, fue reedificado en tiempos de Pere IV y en él se alojaron sucesivos monarcas de la Corona de Aragón, sirviendo incluso de marco admirable a las ya citadas bodas de Felipe III y Margarita de Austria. Asimismo, fue residencia de virreyes y sede de la Capitanía General, siendo muy apreciado por sus jardines y su colección zoológica, documentada desde el siglo XV. Por desgracia, en la guerra de la Independencia el palacio fue demolido para impedir que en él se emplazara la artillería francesa.

El recinto cuenta con varias puertas de entrada. La más próxima al San Pío V se adentra en un jardincillo recoleto y silencioso presidido por una rumorosa fuente y se comunica con el resto a través de la portada renacentista del desaparecido palacio de los Duques de Mandas. Una vez dentro, hay que dejarse atraer por los paseos soleados o umbríos, descubrir las esculturas diseminadas entre los parterres, recorrer la gran rosaleda o acercarse al estanque de los patos. Al final del paseo Antonio Machado está el **Museo de Ciencias Naturales**, una institución que

*Museo de Ciencias Naturales.*
*Esqueleto de dinosaurio.*

*Jardines de Monforte*

ya en el siglo XVI se conocía esta zona como el prado, y era famosa por sus arroyuelos, arriates de flores, césped y árboles, el paseo fue urbanizado por primera vez en 1642 por el virrey de Valencia, que plantó los álamos de los que toma el nombre. A principios del siglo XIX estaba muy deteriorado y el mariscal Suchet promovió su replantación. Era el lugar favorito de la nobleza y la burguesía valencianas para ver y dejarse ver en sus coches de caballos paseando con la debida parsimonia. En la actualidad, los lugares de encuentro social se han desplazado a otras zonas de la ciudad. Sin embargo, los jardines centrales siguen siendo un lugar delicioso en el que perdu

toca dos extremos: el de la máxima actualidad en cuanto a instalación museográfica y el de la máxima antigüedad al contar con la Colección Paleontológica de ejemplares americanos más importante del mundo. El impresionante esqueleto de un megaterio, dinosaurios, brontosaurios, fósiles, moluscos y un recorrido por la historia de las Ciencias, hacen de este museo uno de los más atractivos y visitados.

No menos interesantes son los **Jardines de Monforte**, a escasos centenares de metros de los Viveros, a los que se accede por la plaza de la Armada Española, junto a la Avda. Blasco Ibáñez. Creados hace más de ciento cincuenta años, merecieron la declaración de Jardín Artístico en 1941. Dos leones de mármol blanco, esculpidos por José Bellver en el siglo XIX para el Congreso de los Diputados en Madrid, donde no llegaron a colocarse nunca, abren camino al encuentro gozoso con los Hermes, Dionisios, Neptunos, faunos y otras criaturas de la

mitología griega y romana que imponen su nívea presencia entre las borduras, los macizos de rosas, las fuentecillas y enredaderas, los magnolios y laureles que arrojan sombra sobre una gran fuente con surtidores y peces. Sus trazas e inspiración son neoclásicas, pero el aire parece ensimismado y romántico y sus bancos invitan a perderse en un poema o en una ensoñación.

Volvemos a la margen del río para recorrer el **paseo de la Alameda**, que empieza frente a los Viveros con la monumental fuente de las cuatro estaciones (1863), una gran taza de mármol con dos platos, el inferior sostenido por cuatro figuras alegóricas de las estaciones, y el superior por cuatro niños. En la cúspide un amorcillo sostiene sobre su cabeza el cestillo de flores del que brota el agua. La fuente mide casi nueve metros de altura y doce de base y, a excepción de la taza, es de hierro fundido y hace juego con otra, del mismo material y parecidas características, que se alza desde 1878 en el otro extremo del paseo, junto al puente de Aragón. Aunque

## UNA BATALLA INSÓLITA ➕ⓘ

A mitad del siglo XIX, y a fin de retener a las familias que huían del calor hacia sus fincas de recreo dejando la ciudad sin pulso comercial, se implantó la *Feria de Julio* con corridas de toros, bailes y conciertos, concluyendo con la **Batalla de Flores.** Aun cuando ha variado el contenido de la Feria, la célebre Batalla se celebra, como antaño, en el paseo de la Alameda. Varias toneladas de flores se entrecruzan por el aire en el feliz combate que se entabla entre los miles de espectadores y los ocupantes de las carrozas que desfilan por el centro.

1. *Estadio de Mestalla*
2. *Museo Histórico Militar de la Región de Valencia*

ran varios monumentos, entre ellos el más relevante de la ciudad: el dedicado al médico valenciano doctor Moliner, obra del escultor José Capuz en 1919. Y si ya no transitan por sus márgenes los coches de caballos, en julio se movilizan varias decenas de carrozas para celebrar la famosa **Batalla de Flores**, con la que se da fin incruento a la Feria de Julio.

En paralelo al paseo de la Alameda, el viejo cauce del Turia hace brotar árboles y estanques en los que se miran las piedras de los puentes. Se puede, no obstante, posponer un poco la invitación del río a bajar a su altura y hacer una breve incursión por las cercanías. Tomando la calle Arquitecto Mora, se ve de inmediato la fachada de su magnífico **Palacio de la Exposición**, levantado en sólo setenta días para la celebración de recepciones y actos protocolarios de la Exposición Regional celebrada en Valencia en 1909. El edificio, neogótico, combina elementos religiosos, palaciegos y castrenses, y fue uno de los pocos que, por su excepcional calidad, no fueron desmontados al terminar la Exposición. El salón noble, con vidrieras polícromas, un llamativo artesonado y

suelos de mosaico de Nolla, admira y encanta. Fue sede de la Escuela de Arquitectura hasta los años 70. Recientemente restaurado, ofrece diversos servicios culturales como biblioteca y sala de conferencias y admite la celebración de eventos privados. A través de la calle Galicia, a la que recae uno de sus costados, se llega a la cercana calle General Gil Dolz, donde tiene su sede el **Museo Histórico Militar de la Región de Valencia**, cuya reciente ampliación aumenta en número e interés los bienes que exhibe: armamento, maquetas, indumentaria e instrumentos que demuestran hasta qué punto la ciencia ha avanzado espoleada por las exigencias bélicas de cada época. Al término de esta calle se inicia la

avenida de Suecia, a la que recaen las puertas del **Estadio de Mestalla**, campo oficial del Valencia Club de Fútbol. Una plazuelita a la izquierda ha sido el lugar elegido para que el Club dedicara, en 1994, un monumento a la afición valencianista, obra del escultor Nassio Bayarri.

En la misma avenida de Suecia, allí donde el estadio concluye su fachada principal, se forma una plaza delimitada por un costado de este, el edificio del Ayuntamiento Nuevo y otras sedes de organismos oficiales. Los domingos y festivos por la mañana, se convierte en el escenario de una de las actividades humanas más antiguas: se instala en la plaza el rastro, un mercadillo de viejo y de antigüedades que suele estar muy concurrido y en

el que uno de los mayores placeres es el paseo distendido, el regateo y la consecución gozosa de un pequeño capricho por un buen precio. La plaza tiene salida a la amplia avenida de Aragón, por la que se puede regresar hacia el río. En una gran isleta se alza la escultura *Mundiales 82* de Andreu Alfaro y, en otra más próxima al río, rodeado de cipreses, el monumento que recuerda a las víctimas de la riada de 1957, obra del escultor Ramón de Soto inaugurada en 1983.

Para quienes se sienten menos atraídos por los temas futbolísticos que por seguir la evolución y transformación de la margen del río, cabe regresar a la Alameda para encontrarse, a la altura de la calle General Gil Dolz, con el **Puente de las Flores**, así llamado por su decoración floral. Entre la calzada para el tránsito rodado y las pasarelas laterales para peatones, se forman sendos lomos floridos cuyos colores varían cuatro veces al año, en función de las plantas más apropiadas para cada estación. Un poco más adelante, río abajo, está el **Puente del Mar** (siglo XVI), uno de los más bellos, antaño vía de tránsito para los carros que traían y llevaban las mercancías al puerto y, en la actualidad, sólo practicable para peatones al estar elevado mediante escalinatas. En 1742 se le añadieron por el interior bancos de piedra y pequeñas pirámides decorativas. Las imágenes de san Pascual y de la Virgen de los Desamparados, alojadas en dos casilicios, fueron realizadas en sustitución de las obras originales, que resultaron dañadas.

1. *Puente de las Flores*
2. *Puente del Mar*

*Palau de la Música*

Traspasado el Puente de Aragón, continúa la Alameda ciñendo los pretiles del río. Se produce, sin embargo, un cambio en el ajardinamiento, que disminuye en árboles y aumenta en pequeños setos y parterres. Es un preámbulo visual para apreciar mejor la superficie acristalada del **Palau de la Música** (1987), obra del arquitecto José María de Paredes, situado en el filo del río con la intención de unir lo de arriba y lo de abajo, la Alameda y el cauce,

### PUENTES DE VALENCIA

Diecisiete puentes unen las dos orillas del Turia a su paso por Valencia. El de origen más antiguo es el **de Serranos**, que ya existía en la islámica Balansiya, aunque su última reconstrucción se produjo tras la devastadora riada de 1517. De fábrica más antigua es el **de la Trinidad** (siglo XV), con nueve arcos apuntados. Del siglo XVI son el **del Mar** y el **del Real**, que sufrió su último hundimiento en 1528 ante el emperador Carlos V, precipitando al río a numerosas personas que habían acudido a aclamarlo. Con el mismo afán de dejar su impronta en el paisaje urbano, se han construido el de Exposición —la **Peineta**— de Santiago Calatrava o el **de las Flores**, vivaz y colorido por las plantas que le dan nombre.

1. Parque Gulliver
2. Puente de Monteolivete
3. Santuario de Monteolivete

la naturaleza y la música. A sus pies, un gran estanque acompasa sus surtidores al ritmo de la melodía durante los conciertos al aire libre, mientras la armonía paisajística persiste durante todo el año con la única variación que el paso de las estaciones imprime en el jardín del Turia, diseñado en este tramo por Ricardo Bofill con intención clasicista y espíritu de ágora, de lugar de encuentro ciudadano.

Y ya que estamos abajo, al mismo nivel por el que antaño discurría el río, merece la pena pasar bajo el puente del Ángel Custodio para llegar al tramo llamado *Un riu de Xiquets*, diseñado para los niños. Más conocido como el **Gulliver**, recibe este nombre por el gigantesco muñeco de 70 metros de longitud que representa a este célebre personaje de la literatura universal en el mismo momento en que se despierta en la playa y se encuentra atado al suelo por obra de miles de liliputienses. Una situación de indefensión que aprovechan los niños actuales para subir y recorrer su cuerpo, deslizarse por sus cabellos y sus ropas y divertirse a tope. El tramo se completa con pistas para la práctica de

*1 y 2.* Museo Fallero
*3.* Palau de les Arts

patinaje, monopatines y otras instalaciones infantiles y juveniles que hacen de este viejo trozo del río el más popular entre los jóvenes. Concluido este tramo, y acercándonos a la margen derecha, una breve escalera nos permite subir de nuevo al nivel de la calle, justo frente a las dos torrecitas y la cúpula que enmarcan la fachada del **Santuario de Nuestra Señora de Monteolivete**, fundado en 1771. Una plazuela retranqueada junto a él, da acceso al **Museo Fallero**. Para quienes no han visitado nunca Valencia en la fiesta de las Fallas, este popularísimo museo brinda la oportunidad de acercarse a ellas. Además de ofrecer una breve historia de las Fallas y su evolución, expone los *ninots* que cada año, desde 1934, son indultados del fuego por votación popular.

Al salir del Museo, se comprueba fehacientemente el gusto de los valencianos por el espectáculo, reflejado aquí en el conjunto de edificios que componen **La Ciutat de les Arts i les Ciències**. Construido en el viejo cauce y siguiendo el discurrir del río hacia el mar, el primero de los edificios de este complejo –y último en construirse–, es un gran auditorio para música, danza y otras artes escénicas conocido como el **Palau de les Arts**, visible desde muchos puentes atrás, surgido entre los árboles del lecho del río como un cuerpo extraño, casi extraterrestre. Sus colosales dimensiones pueden evaluarse desde el **Puente de Monteolivete**, que salta como un caballo entre las dos orillas y separa con su vientre el área del Palau de les Arts del resto del complejo. Se puede descender por una escalera que hay a mitad del puente, o bien retroceder para bajar por la misma escalera que hemos subido, a fin de aproximarnos de nuevo al Palau desde su misma altura, caminando entre pinos, cipreses y magnolios salpicados de esculturas. En sus proximidades, el jardín toma forma de suaves prados recorridos por un riachuelo artificial a cuyas orillas crecen plantas de ribera, algunos rosales y palmeras. Esta gran superficie ajardinada va penetrando hasta las grandes láminas de agua que rodean otros edificios del complejo, el siguiente de los cuales es **L'Hemisfèric**. Ubicado en medio de un estanque, semeja un gran ojo emergente, no se sabe si del agua o del sueño. En su interior, sobre la esfera ocular se proyectan

Ciudad de las Artes y las Ciencias. Museo de las Ciencias Príncipe Felipe (arriba y a la derecha) y Hemisfèric (sobre estas líneas).

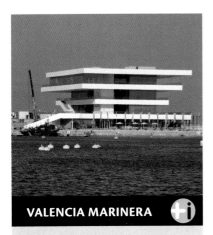

### VALENCIA MARINERA ➕ⓘ

La designación de Valencia como sede del evento deportivo **Copa del América,** prestigiosa competición de navegación a vela, ha dado lugar a importantes obras de remodelación en el área del puerto. Del pasado marinero son testimonio las góticas **Reales Atarazanas** (siglo XV), taller de construcción de embarcaciones del que salió parte de la flota que combatió en Lepanto y en la actualidad sala de exposiciones temporales. El **paseo de Neptuno** respalda las playas de las Arenas y la Malvarrosa, esta última famosa por el novelista Vicente Blasco Ibáñez (1867-1928) cuyo reconstruido chalet es sede de la **Casa-Museo Blasco Ibáñez.**

L'Oceanogràfic

películas de alta tecnología que sumergen visual y auditivamente al espectador en los misterios del espacio exterior, la vida de los animales y otras aventuras.

El **Museu de Ciències Príncipe Felipe**, contiguo al anterior, desarrolla en altura y longitud una malla de cemento y cristal característica de la arquitectura orgánica del arquitecto Santiago Calatrava, autor de los tres edificios ya citados, así como

de **L'umbracle**, un largo paseo ajardinado que se extiende frente al Museu y oculta el aparcamiento. El Museu se estructura en espacios muy diversos y con clara intención divulgativa, con frecuencia anecdótica, de algunos aspectos de la ciencia. En su mayor parte se trata de instalaciones temporales. Las colecciones permanentes se centran en la vida y obra de Ramón y Cajal, Severo Ochoa y el científico francés Jean Dausset. Para visitar el último centro de atracción del complejo y en tanto no concluyan las obras de construcción del **Puente de Serrería**, es necesario abandonar el cauce por la margen derecha y penetrar en el antiguo Camino de

les Moreres, por el que se encuentra el acceso a **L'Oceanogràfic**, una instalación en su mayor parte subterránea. Consta de diversos edificios en los que se distribuyen los acuarios según sus características. El Mediterráneo, los mares templados y tropicales, el Antártico y el Ártico, así como los Océanos, son algunas de sus secciones. La espectacularidad de los acuarios, que incluyen dos túneles por los que es posible caminar teniendo la impresión de hacerlo casi por el fondo marino, palía en parte la escasez de especies distintas que se muestran (500). En cualquier caso, es

Rabosses, de 233 metros de altura. La remata un **castillo (MN)** de origen islámico que resistió en 1235 la acometida de Jaime I, quien la ocupó cinco años más tarde, tras conquistar Valencia. Sobre el castillo anterior edificó el suyo (siglo XIII), restaurado por Pere IV el *Cerimoniós* durante su guerra contra Pedro I el Cruel –que llegó a tomar Cullera–. Una atalaya que domina un panorama amplísimo y no

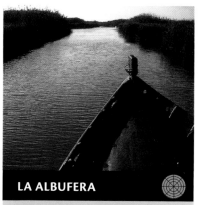

## LA ALBUFERA

El **Parque Natural de la Albufera** aúna en el imaginario colectivo de los valencianos una belleza acuática, apacible y silente, con la dura realidad de la lucha por la supervivencia de las gentes que viven en su entorno, representada magistralmente por Blasco Ibáñez en su novela *Cañas y barro*. A poco más de diez kilómetros al sur de la capital, el Parque Natural comprende *el monte*, *la marjal* con sus inmensos arrozales, *el lago de la Albufera* (2.800 ha) y la *Devesa del Saler*, poblada de pinos y dunas hasta la orilla del mar.

**El Palmar** es un lugar idóneo para degustar una buena comida: los arroces, los pescados y *el all i pebre*, un sabroso guiso con anguilas de la Albufera, son parte de una amplia y satisfactoria oferta.

fuente de diversión para los niños, en especial el espectáculo del Delfinario, en el que los simpáticos delfines exhiben su sociabilidad e inteligencia y nunca defraudan.

### Escapada por las riberas del Xúquer

Podemos remontar durante un tramo las riberas que riega el río Xúquer desde su desembocadura en Cullera. Para llegar a esta ciudad, tomamos la autovía de El Saler y luego la CV-500, que atraviesa el **Parque Natural de la Albufera** y a cuyo borde se encuentra el Centro de Información del Racó de l'Olla, un punto de obligada visita para quienes deseen conocer y disfrutar de este gran Parque que afecta a los municipios de Valencia, Alfafar, Sedaví, Catarroja, Massanassa, Albal, Beniparrell, Silla, Sollana, Sueca, Cullera, Albalat de la Ribera y Algemesí. Continuando hacia el sur transitamos cerca de numerosas playas: el Perelló, el Pouet, Les Palmeres, Mareny de Barraquetes, un paisaje que se presenta cerrado por grandes matas de adelfas. Al fin se deja ver **Cullera**, una ciudad famosa por sus playas cuyo casco antiguo se apoya en la Muntanyeta de les

pudo evitar, sin embargo, el ataque del temible pirata Dragut en 1550. En el curso de la Guerra de la Independencia (siglo XIX), el viejo castillo fue fortificado y dotado de artillería. Antes de subir a este excepcional e histórico mirador, se pueden visitar otros lugares de interés. Uno de ellos es, sin duda, el único puerto fluvial de la Comunidad Valenciana, el del río Xúquer que viene a morir alegremente aquí entre embarcaciones de recreo. Junto a su puente de hierro (1905) está la Casa de la Enseñanza (siglo XVIII) con la Oficina de Información Turística, el Museo de Historia y Arqueología y el Museo Fallero. Continuando la calle Río corriente arriba, por la plaza de España penetramos hacia el centro para llegar al dieciochesco ayuntamiento y, de allí, a la iglesia de los Santos Juanes, que sólo conserva de su primitiva factura gótica (siglos XIII-XIV) la capilla situada a los pies del campanario, en tanto que la actual edificación, por lo demás encantadora, es del siglo XVII. Junto a la iglesia está el Mercado Municipal (1899-1902), ubicado a los pies del zigzagueante Carrer del Calvari (XVIII) que sube al castillo pasando junto a un barrio de clara filiación islámica. Por el camino encontramos la Torre de la Reina Mora, o ermita de Santa Ana (XVII) y, en la cima, el castillo con cinco torres y algunas dependencias. Adosado a él se construyó el neorrománi-

co **Santuario de la Virgen** (1891-1897) que alberga a *la Moreneta*, una imagen de la Virgen de la Encarnación del siglo XIV. Quienes prefieran subir en coche pueden

*1. Barraca de la Albufera*
*2. Playa de Cullera*
*3. Cueva-Museo del Dragut*

1. *Huerta de Sueca*
2. *Vista de Corbera*

hacerlo por la carretera Subida al Castillo, que parte del barrio de San Antonio. Otras visitas curiosas son la Cueva-Museo de Dragut, cerca del Faro, y la Torre del Marenyet, al sur de la desembocadura del Xúquer y a mitad de camino de l'Estany, una laguna de agua dulce fuera del casco urbano que está bien señalizada y ofrece un idílico paisaje.

A escasos kilómetros encontramos **Sueca**, nacida como alquería morisca dependiente de Cullera hasta 1607. Gracias a los arrozales, fue creciendo en importancia hasta ser en la actualidad capital de la comarca de la Ribera Baixa. Hijo suyo muy querido fue el pensador Joan Fuster, cuya casa se está adecuando como Centro Cultural para el estudio y consulta de su ingente obra. Se puede iniciar la visita en el ayuntamiento (1784), edificio de un sobrio estilo neoclásico que cuenta con una escalinata interior de mármol blanco y una cúpula. En la plaza contigua está la **iglesia de San Pedro Apóstol (MN)**, edificada en el siglo XVII sobre otra anterior, y reformada veinticinco años

más tarde por el Padre Tosca y Corachán. Además de su fachada neorrenacentista, el campanario del siglo XVIII y su peculiar reloj que marca las horas, minutos, días y meses, es interesante en el interior el retablo del altar mayor y una talla del Santísimo Cristo del siglo XVI. Otro edificio destacado es la Real Iglesia de la Virgen de Sales, también conocida como el Convent, edificio clasicista que cuenta con un retablo de la escuela de Juan de Juanes y una imagen de la Virgen, patrona de Sueca. El Asilo de Ancianos (1914-1918), al que se llega caminando por la calle Sequial –espejo de la época de esplendor arrocero– y cruzando al otro lado de las vías del tren, es un edificio modernista de ladrillo, obra del arquitecto suecano Buenaventura Ferrando. El paraje más querido por los suecanos es la Muntanyeta dels Sants, en referencia a la ermita dedicada a los santos Abdón y Senent, que protegen las cosechas del pedrisco. Sus apenas 27 metros de altura

proporcionan una hermosa y relajante vista de los arrozales y la Albufera.

Para disfrutar de un impresionante castillo medieval, aun cuando solo quedan de él ruinosos muros exteriores y una torre barbacana, es aconsejable acercarse a **Corbera**, estratégicamente situada al pie de la sierra del mismo nombre. Desde este municipio podemos dirigirnos a **Alzira**, capital de la comarca de la Ribera Alta, cuyo nombre árabe, *Al-Yazirat*, significa «la isla», en referencia a su emplazamiento sobre una isla del río Xúquer. Fue la medina más importante del área, con murallas, mezquitas y baños en el barrio de La Vila. Su valor estratégico determinó que, tras la conquista cristiana, incluyera en su escudo el lema «abro el reino y lo cierro». Jaime I, quien abdicaría a favor de su hijo en esta ciudad (1276), la repobló con cristianos, permitiendo a musulmanes y judíos quedarse fuera de las murallas. Fue declarada Villa Real tras la Guerra de la Unión, sufrió un duro asedio en 1520 al

declararse *agermanada* y fue partidaria del Archiduque Carlos *(maulets)* en la guerra de Sucesión. Sufrió una recesión en los siglos XVII y XVIII al segregarse de su jurisdicción Carcaixent, Guadassuar y Algemesí, pero el cultivo del naranjo dio lugar a un importante crecimiento demográfico y económico desde finales del siglo XIX. En la actualidad, es una ciudad industrial, comercial y de servicios. La parte exterior de la antigua muralla puede verse en el Parque de Arabia Saudita. Frente al cuartel de la Guardia Civil está el acceso al barrio de La Vila, en el que las sucesivas riadas han hecho mella visible. Pese a ello,

merece la pena atravesarlo de parte a parte por las calles Santa María, Santa Llúcia, Sant Roc y Santa Caterina, en las que están los edificios más destacables: el **ayuntamiento (MN)** construido entre 1547 y 1603, de factura tardogótica y renacentista con algunos elementos barrocos, emana sobria elegancia. La iglesia de Santa Caterina, cuya bella y barroca fachada principal se remonta a 1680, fue construida sobre la antigua mezquita y ha sido objeto de numerosas reformas. En su interior están las imágenes de los santos hermanos Bernat, Maria y Grácia, patronos de la ciudad. La calle desemboca en la avenida

*Dos vistas de Alzira*

### Monumentos y museos

**MONUMENTOS NACIONALES (MN)**

Jardines de Monforte –Jardín Artístico Nacional–; iglesia de San Pedro (Sueca); castillo (Cullera); Ayuntamiento (Alzira).

**MONUMENTOS**

**Reales Atarazanas**
Plaza de José Benlliure, s/n (solo con exposiciones)
✆ 963 525 478. Ext. 4299
🕐 De Martes a sábados, de 10 a 14 y de 16:30 a 20:30 h. Domingos y festivos, de 10 a 15 h.

**MUSEOS**

**Museo de las Ciencias Príncipe Felipe**
(Ciudad de las Artes y las Ciencias)
Autopista del Saler, 1-7
✆ 902 100 031
🕐 Domingos a viernes, de 10 a 19 h. Sábados, festivos y vísperas, de 10 a 20 h. Junio a septiembre, de 10 a 21 h.

**Museo Fallero**
C/ Monteolivete, 4
✆ 962 084 625
🕐 Martes a sábados, de 10 a 14 y de 16:30 a 20:30 h. Domingos y festivos, de 10 a 15 h.

**Museo Histórico Militar**
C/ General Gil Dolz, 8
✆ 963 601 645
🕐 Martes a sábados, de 10 a 14 y de 16 a 20 h. Domingos y festivos, de 10 a 14 h.

**Museo Municipal de Ciencias Naturales**
Avda. General Elío (dentro de los Jardines de Viveros)
✆ 962 084 313
🕐 Martes a sábados, de 10 a 14 y de 16:30 a 20:30 h. Domingos y festivos, de 10 a 15 h.

**Oceanográfico**
(Ciudad de las Artes y las Ciencias)
✆ 902 100 031
🕐 Domingos a viernes, de 10 a 18 h. Sábados, festivos y vísperas, de 10 a 20 h.

**• Algemesí:**
**Museu Valencià de la Festa**
C/ Nou del Convent, 69
✆ 962 018 630
🕐 Martes a sábado de 11 a 14 y de 17 a 19,30 h; domingos de 11 a 14 h. Visitas guiadas de martes a sábado a las 11, 12, 13, 17,30 y 18,30 h. Domingos: 11,12 y 13 h.

**• Alzira:**
**Museu Municipal**
C/ Escoles Pies, 4
✆ 962 417 407
🕐 Martes a sábados, de 11 a 13 y de 18 a 20:30 h. Domingos, de 11 a 13:30 h. Verano, solo mañanas.

**• Cullera:**
**Cueva-Museo de Dragut**
(Faro de Cullera)
Pl. Doctor Fleming, s/n
✆ 961 746 700
🕐 Invierno (de noviembre a marzo): sábados y domingos de 11 a 18 h. Verano (de abril a octubre): de lunes a viernes de 10:30 a 19 h; sábados y domingos de 10 a 23 h.

**Museo Fallero y Museo de Historia y Arqueología**
(Casa Enseñanza)
C/ Cervantes, s/n
✆ 961 732 643
🕐 Martes a domingo de 9,30 a 13,30 h. Martes a viernes de 17,30 a 20,30 h. Sábados tarde de 18,30 a 20,30 h.

**JARDINES**

**Jardín del Turia (tramo del Gulliver)**
🕐 Lunes a domingos, de 10 a 20 h.

**Jardines de Monforte**
Pl. de la Armada Española, s/n 🕐Lunes a viernes, de 10:30 a 18 h. Sábados, domingos y festivos, de 10:30 a 14:30 h. Primavera y verano: lunes a viernes, de 10:30 a 20 h; sábados, domingos y festivos, de 10:30 a 14:30 h.

**Jardines de Viveros**
C/ San Pío V, s/n
🕐 Desde las 8 h hasta la puesta del sol.

*Iglesia en Algemesí*

de los Santos Patronos, antiguo brazo del río, donde se hallan los casilicios (1717) con esculturas de Vergara el Viejo que adornaban el antiguo Puente de San Bernardo. En los alrededores de Alzira hay dos lugares particularmente queridos: la Muntanyeta del Salvador, con el Santuario de la Virgen del Lluch (1924-1965) y el Vall de la Murta, un agreste paisaje con las románticas ruinas del monasterio de la Murta (siglos XIV-XV) de la orden de los Jerónimos. A cinco kilómetros al norte de Alzira encontramos **Algemesí**, donde cabe destacar la basílica de San

Torre islámica
de Almussafes

### Restaurantes

**EN LOS ALREDEDORES DE VALENCIA**

• *Cullera*
**Casa Salvador**
L'Estany de Cullera
✆ 961 720 136

• *El Palmar*
**Racó de l'Olla**
Ctra. del Palmar, 21
✆ 961 620 172

*Para otros restaurantes en esta ruta, ver página 55.*

### Más información

*Para oficinas de información y transporte turístico en esta ruta, ver página 53.*

### Alojamientos

**EN LOS ALREDEDORES DE VALENCIA**

• *Alzira*
**H*** Reconquista**
C/ Sueca, 14
✆ 962 403 061

• *Cullera*
**H**** Santamaría**
Avda. del Racó, 53
✆ 961 738 029

**H*** Sicania**
Ctra. del Faro, s/n
Playa del Racó
✆ 961 720 143

*Para otros alojamientos en esta ruta, ver página 55.*

Jaime Apóstol (1550-1582), interesante obra renacentista deformada por varias transformaciones con un singular campanario (1703) apoyado sobre la puerta principal. Del pintor Francisco Ribalta, que en sus comienzos tuvo taller en esta población, es el retablo del Altar Mayor y de su obrador salieron el altar de San José, una Crucifixión y dos cuadros del retablo de San Vicente Ferrer. Otro destacado edificio es el barroco convento de San Vicente Ferrer (siglos XVI-XVIII), en el que se encuentra el Museu Valencià

de la Festa, dependiente de la Diputación Provincial. Hacia el norte, por la CV-42, se llega a **Benifaió**, una antigua alquería morisca de cuyo palacio señorial queda una Torre bien conservada y restaurada junto al moderno ayuntamiento. Más espectacular, por sus 25 metros de altura, es la torre islámica de **Almussafes**, ubicado entre Valencia y Alzira, cuyo nombre islámico, *Al-mansaf*, podría significar «la que está a medio camino». En esta población se estableció, en la década de los setenta, la factoría de automóviles Ford, dándole un importante impulso económico y demográfico que le ha supuesto duplicar el número de habitantes.

**LA PROVINCIA**

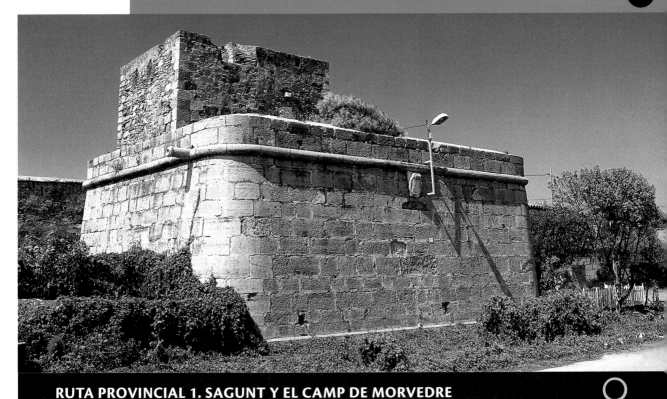

## RUTA PROVINCIAL 1. SAGUNT Y EL CAMP DE MORVEDRE

En Sagunt y en la comarca del Camp de Morvedre de la que es capital, hay un doble eco persistente: el del orgullo por la conducta heroica, profundamente arraigada desde al antigüedad y repetida en sucesivas contiendas en torno a Sagunt, y el de la vida cotidiana enraizada en las labores campesinas, de resonancias moriscas, que se escucha cuando damos la espalda al mar y nos adentramos en la cuenca del río Palancia o en la sosegada Vall de Segó.

Si se parte de Valencia por la A-7, merece la pena detenerse en **El Puig**, el cerro que conquistó Jaime I para, desde él, rendir Valencia. En ese lugar fundó el mercedario monasterio de El Puig (MN), en torno al cual se forjó la identidad valenciana tras la conquista. El monasterio, residencia oficial de los Reyes de España en sus visitas a Valencia, fue transformado en el siglo XVIII; en cambio, la mayor parte de su iglesia se remonta al siglo XIV.

A tan solo 23 kilómetros de la capital, reconocible a distancia por los imponentes restos de su muralla romana (siglo IV), se asienta **Sagunt**. Su solo nombre excita la imaginación, ya que la resistencia que opuso esta ciudad ibérica aliada de Roma (llamada Arse y después Arse/Saguntum) frente a las tropas del cartaginés Aníbal en el 219 a. C., se convirtió en un mito para el mundo romano. Antes de penetrar en el casco antiguo, se impone un alto para visitar, en la calle Valencia, la iglesia de San Salvador (siglo XIII), magnífica muestra de estilo gótico primitivo valenciano. La fachada principal y buena parte del templo son de piedra de sillería y escueta sencillez. Su interior consta de una sola nave de escasa longitud y gran anchura, con ábside poligonal abovedado y grandes arcadas que sustentan una techumbre de madera. De vuelta a la carretera y siguiendo los indicadores hacia el centro urbano, en la calle de los Huertos se conserva una puerta lateral del circo romano, compuesta por sillares de considerables dimensiones. Poco más queda de este edificio público,

*1. Real Monasterio del Puig de Santa María*
*2. Vista de Sagunt*

vanos y se remata en el ático con una balaustrada y un reloj, permite la integración sin estridencias del edificio con la vecina Plaza Mayor. Esta plaza rectangular, porticada y con restos de columnas romanas, revela en su gracia entrañable su origen medieval. Son visibles restos del almudín, depósito público para el almacenamiento y venta de cereales, así como el escudo medieval de la villa al que se añadió una flor de lis por el apoyo prestado, durante la Guerra de Sucesión, al futuro Felipe V. Desde aquí se llega al foro medieval, hoy plaza de la Peixcatería, caracterizada por un par de arcos apuntados que la comunican con el entramado de calles antiguas.

Del otro extremo de la Plaza Mayor nace la calle que conduce a la iglesia de Santa María (MN). Iniciada en 1334 donde antaño se asentaba la Mezquita Mayor, en 1448 se celebraron en ella las Cortes del Reino de Valencia a causa de la peste que asolaba la capital. La estructura esencial del templo y dos de sus puertas son góticas, en tanto la portada principal (siglo XVII) se construyó en estilo barroco con columnas platerescas. Compuesta por tres impresionantes naves, la principal de casi veinte metros de altura y bóveda de cañón apuntado, destaca el ábside poligonal y los símbolos distintivos de los maestros canteros inscritos en la piedra. Adosado al templo, junto al ábside, un muro de grandes sillares de caliza, de 15 metros de longitud y 4 de altura, constituye el único resto del muro del templo de Diana (MN). Datado en torno al siglo V a. C., fue el único edificio que se salvó de la destrucción de Aníbal, precisamente por estar consagrado a esa diosa. Al salir de la iglesia nos dirigimos a la calle Caballeros, con hermosos edificios de anchos portalones para la entrada de carros

erigido entre los siglos II y III d. C., por lo que se sospecha que su graderío debió ser de madera. Más adelante, siempre en dirección al centro, se encuentra la Glorieta con el monumento dedicado al guerrillero Romeu, héroe inolvidable de la Guerra de la Independencia que guarda, en cierto

modo, la entrada a la ciudad antigua: a corta distancia se hallaba la puerta principal de la muralla, como recuerda una inscripción en el inmueble ubicado en su lugar, el Palacio Municipal (siglo XVIII), sede del Ayuntamiento. La sobriedad de su fachada principal, que abre a la calle cinco

## SAGUNT

### LA MÍTICA RESISTENCIA DE SAGUNT

La resistencia de la ciudad ibérica de Arse, llamada por los romanos Saguntum, se convirtió en símbolo de lealtad a Roma y ejemplo de supremo sacrificio. Sitiada por Aníbal, sin recibir alimentos ni refuerzos, sufrió un feroz acoso que duró ocho meses. En el límite de sus fuerzas y considerando imposible contener por más tiempo a los cartagineses, los saguntinos decidieron inmolarse antes que caer en sus manos. Mientras los famélicos defensores que aún podían sostener un arma acudieron a proteger la muralla durante el último ataque, los ancianos y niños, las mujeres y enfermos fueron sacrificados y sus cadáveres arrojados a una inmensa pira funeraria, de modo que cuando sus agresores entraron en la ciudad solo hallaron restos de cadáveres y humo. Una historia que traspasó los siglos.

### DOS GENIOS MILITARES DE LA ANTIGÜEDAD

La Arse ibérica —llamada por los romanos Saguntum— era aliada de Roma cuando, en el año 219 a. C., fue sitiada por los cartagineses a las órdenes de **Aníbal** (247-182 a. C.), uno de los más geniales estrategas de la antigüedad que, a la edad de 23 años, ya dirigía el ejército en Hispania. Su ataque a Sagunt fue el desencadenante de la Segunda Guerra Púnica (218-201 a. C.) en la que Cartago resultó derrotada. Su oponente fue **Publio Cornelio Escipión el Africano** (236-183 a. C.), el más grande y famoso general romano de esa guerra y tan precoz como Aníbal, ya que recibió el mando de las tropas en Hispania con 26 años. Conquistó Sagunt en el 212 a. C. y expulsó a los cartagineses de la península. Derrotó definitivamente a Aníbal en la batalla de Zama (202 a. C.), dando fin a una guerra que había durado 17 años.

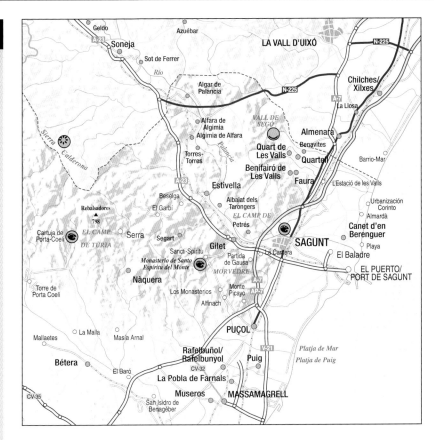

y caballos. La casa de los Gaspar o la casa palacio Borrás conservan en sus zaguanes elementos arquitectónicos y decorativos antiguos, una muestra del afecto de los saguntinos por su patrimonio, ya revelado por la amabilidad con que explican, guían y muestran su ciudad a los visitantes. De vuelta a la plaza, buscamos la calle Mayor para ver las ermitas de San Roque y de la Madre de Dios de los Desamparados, así como el románico palacio del Delme (siglo XIII), un modesto edificio con fachada de sillería. Emprendemos la subida al castillo por la calle del mismo nombre, jalo-

nada de casas-palacio de bellas proporciones como la del Maestro Peña, en rehabilitación para museo arqueológico. Calle arriba, junto al Portalet de la Sang, hay una fuente blanca y verde, deseable como un oasis para quienes comienzan la ascensión tanto como para los que ya están de vuelta. Un punto clave en el cruce de culturas que ha enriquecido a Sagunt: a nuestros pies la fuente de resonancias árabes; a la derecha el barrio judío; a la izquierda el área cristiana medieval, y al frente, semiocultos en la cima de la montaña, el teatro romano y el castillo.

*Teatro romano de Sagunt*

Al final de la calle está el Teatro romano (MN), declarado Monumento Histórico-Artístico Nacional en 1896, el primero de España que recibió tal distinción. Su complejidad arquitectónica es muy superior a la de los restantes teatros hispanos, singularizándose por el extraordinario conjunto de bóvedas que cubren los corredores a la vez que sustentan las gradas, técnica de construcción utilizada en el Coliseo de Roma. Edificado entre los siglos I y II d. C., ha sido objeto de una restauración destinada a recuperar su función original de espacio escénico, en el que se celebra el festival *Sagunt a escena* durante el mes de agosto. Desde uno de sus costados parte una carretera que conduce al castillo aunque, a su inicio, unos escalones en la ladera hacen factible abreviar el trayecto y llegar directamente a la cima. Este recorrido permite gozar, a mitad de la subida, de una agradable y romántica zona de descanso entre pinos y ruinas que no defraudará a quienes se tomen un respiro.

Con una extensión de casi un kilómetro en el que están impresas huellas de las diferentes culturas que lo ocuparon y expandieron sus murallas, el castillo de Sagunt se enclava sobre la antigua ciudad ibérica de Arse, llamada por los romanos Saguntum. El complejo se halla dividido en varias plazas o zonas independientes y su visita puede prolongarse por espacio de dos horas. Tras la destrucción cartaginesa de Sagunt, detonante de la Segunda Guerra Púnica, los hermanos Cneo y Publio Cornelio Escipión lograron arrebatársela a las tropas cartaginesas en el 212 a. C. Comenzó entonces un proceso de esplendor caracterizado por el desarrollo económico y cultural de la ciudad. La plaza de Armas, a la que se accede por la actual puerta de entrada al castillo, proporciona evidencias de importantes construcciones romanas: el foro, restos de templos, fustes, columnas y una cisterna tallada en la roca bajo la plaza del foro, así como una serie de contrafuertes que delimitaban el área de la plaza pública romana.

A través de otra gran puerta se llega a la plaza de Almenara, la más oriental, llamada *Saluquia* por sus pobladores musulmanes y a la plaza de la Conejera, con restos romanos e islámicos. Desde el siglo VIII, la ciudad fue musulmana y cambió su nombre por el de Murbiter, que significa muros viejos, y que en época cristiana derivaría en Morvedre, como se la vino denominando hasta época reciente. En el medioevo adquirió gran importancia debido a su función de plaza fuerte, defensora del paso de Cataluña y Aragón hacia Valencia. Su sobresaliente carácter estratégico se comprende al contemplar el panorama que se domina en todas las direcciones. En la plaza de San Fernando, a la derecha de la entrada al castillo, se en-

## GASTRONOMÍA Y FIESTAS

La **Semana Santa** de Sagunt, de interés turístico nacional, une, al valor tradicional y religioso, la belleza de sus pasos, algunos de ellos auténticas obras de arte. El verano se anima con diversas fiestas, como la **de la Virgen del Buen Suceso** el 30 de Julio, o la del 15 de agosto en honor a la **Virgen de Begoña** en el Port de Sagunt. La alegría se redondea con una buena comida. Sin olvidar la clásica paella, el *arròs amb fesols i naps*, el *arròs al forn* o *l'empedrat*, son platos muy recomendables para quienes disfrutan de la cocina sencilla y casera.

## PERE EL DEL PUNYALET

Este es el apelativo popular que recibió Pere IV *el Cerimoniós* quien, en 1348, en el fragor de las tensiones surgidas entre él y las ciudades por su distinta concepción del poder monárquico (Guerra de la Unión, 1347-1348) estuvo prisionero en el **palacio del Delme**, donde los saguntinos le obligaron a reconocer por escrito los fueros y privilegios de la ciudad. Un reconocimiento insincero y de escasa duración: una vez liberado y a salvo en Zaragoza, Pere IV rasgó con un puñal el acuerdo suscrito en Sagunt.

*Vista del foro romano en el castillo de Sagunt*

cuentra ubicado el Museo Epigráfico, uno de los más ricos de la península en inscripciones honoríficas y religiosas de época romana. A su lado y más al norte, está la plaza de los Estudiantes con una cisterna romana, aunque lo que más destaca es su erizada población de chumberas. La cota más elevada coincide con la plaza de la Ciudadela, donde se levantaba la llamada Torre de Hércules, que pervivió hasta la ocupación francesa en 1811. Esta plaza y la del Dos de Mayo, en el extremo más occidental, están ubicadas justo en el área del antiguo recinto ibérico, aquel que fue sometido al asedio de los cartagineses. El que durante la Guerra de la Independencia –también llamada Guerra del Francés–, se convirtiera en escenario de la heroica defensa de la ciudad frente a las tropas francesas del general Suchet, quizá no se deba a una coincidencia azarosa. Al descender de esta singular atalaya podemos desviarnos por la calle Vieja del Castillo para visitar la ermita de la Virgen de los Dolores. Un poco más abajo, en la calle de la Sang Nova, se encuentra la ermita de la Sangre,

la de mayor tamaño de la ciudad, de estilo barroco con planta de cruz latina y bóveda de cañón. En su interior se guardan los pasos de la Semana Santa, cuyo origen se sitúa entre los siglos XV y XVI.

El atractivo de Sagunt se extiende hasta las playas cercanas: las de Almardà, Corinto y Malvarrosa, se han convertido en un poderoso foco de atracción de turismo estival. El **Port de Sagunt**, que tam-

bién goza de esas maravillosas playas, tiene un carácter más industrial. Su intensa actividad portuaria fue responsable en buena medida del crecimiento económico y demográfico de toda la zona a comienzos del siglo XX. En los alrededores de la calle 9 de octubre subsisten algunos testigos de aquel desarrollo, como las oficinas y los chalés de los ingenieros, cuyo color azulado destaca con-

## EL GUERRILLERO ROMEU

La memoria heroica de Sagunt se renovó con la figura mítica de **José Francisco Romeu** (1778-1812), alma y corazón de las milicias urbanas de Sagunt, Cheste y Chiva, que lucharon contra las tropas francesas en la Guerra de la Independencia. Su prestigio era tan grande y sus acciones tan eficaces que, durante cuatro años, los más prestigiosos comandantes franceses fracasaron en su intento de derrotarlo. Romeu no fue vencido, sino traicionado. Hecho prisionero en Sot de Chera, fue trasladado a Valencia y, tras los infructuosos intentos del general Suchet para atraerlo a la causa francesa, fue ejecutado en la plaza del Mercado de esa ciudad en 1812.

tra el gris de las fábricas abandonadas. Al inicio de esta misma calle está la neobarroca iglesia de Begoña, edificada para la numerosa población del norte de España que acudió a trabajar en el puerto. Su concurrido paseo marítimo se extiende hacia el norte y es compartido con **Canet d´en Berenguer**, el lugar elegido hace más de dos milenios por los Escipiones para desembarcar sus tropas al objeto de conquistar Sagunt. Canet es un lugar privilegiado para la práctica de deportes náuticos, contando para ello con las instalaciones del puerto deportivo de Siles y su importante escuela de vela, así como su faro, tanto más necesario en esta costa

1. *Torre de Benavites*
2. *Fonts de Valls de la Segó*
3. *Faura. Palacio del Conde*

desde que, en el siglo XVI, un legado pontificio naufragara en sus aguas cuando acudía a Valencia para rendir homenaje al recién coronado Carlos V.

A escasos cinco kilómetros al norte de Sagunt hay un pequeño paraíso conocido como la **Vall de Segó**, una llanura rodeada de naranjos que envuelven en verdor carreteras y pueblos. A corta distancia unos de otros, sus pueblecillos han conservado una forma de vida sencilla y apacible que creíamos perdida. Como los relojes de sus iglesias, que nunca están donde se espera, la Vall desafía a los sentidos y a nuestro tiempo presente y deja sentir hondamente su herencia musulmana. El primer contacto lo realizamos con **Faura**, pueblo que destacó, durante la II República y la Guerra Civil, por su fidelidad a los valores republicanos y democráticos, sufriendo por ello una dura represión. En la plaza Mayor encontramos, frente a frente, la iglesia de los Santos Juanes (siglo XVIII), con una airosa y bella cúpula que le confiere gran monumentalidad, y la casa condal, cuya fachada presenta portada de medio punto, ventanas con parteluces y galería de arquillos en el ático. Muy cerca de Faura se halla **Benifairó de les Valls**, a cuya entrada encontramos la iglesia de San Gil (siglo XVIII), la casa natalicia de Alonso Sánchez Coello, pintor de cámara de Felipe II, y la del poeta

y académico Lluis Guarner. En el otro extremo del núcleo urbano, la ermita de la Virgen del Buen Suceso reina entre naranjos sobre un cerro desde el cual la vista se extiende hasta el mar. La iglesia de Santa Ana de **Quartell** es muestra característica de la arquitectura eclesiástica seiscentista, en tanto el apreciable testimonio de la arquitectura religiosa valenciana del siglo XVIII se completa con la iglesia de San Miguel Arcángel de **Quart de les Valls**. No obstante, el edificio más sobresaliente de la Vall de Segó es la Torre de Benavites (MN), de los siglos XV-XVI, aunque pudo ser anterior. Debió formar parte de un recinto fortificado del que apenas queda constancia material. De color rojizo, planta cuadrada y una alzada de 23 metros, posee similitudes con ciertas torres italianas de la Toscana. En su construcción se utilizaron, entre otros elementos, losas con inscripciones romanas y hebreas, fácilmente visibles en la parte derecha de la puerta de entrada.

Se vuelve en dirección a Sagunt para penetrar en el **Valle del río Palancia**, respaldado por la Sierra Calderona. Por la N-234 el primer pueblo que encontramos es **Petrés**, cuyo castillo (siglo XIV), ubicado en una pequeña loma a la entrada de la población, conserva el amurallamiento

y el torreón almenado. La iglesia de San Jaime (siglo XVIII) presenta una interesante portada adintelada y, junto al curioso ayuntamiento, encontramos un aljibe del siglo XVIII convertido en museo. **Gilet** recibe al visitante con la iglesia de San Antonio Abad, del típico barroco valenciano. A su lado, retranqueada respecto al templo, surge una torre medieval, en la que se ubica la biblioteca municipal. Siguiendo la carretera que atraviesa el pueblo, y antes de que esta dé un brusco giro a la derecha, continuamos recto en dirección a la Sierra Calderona en busca del **monasterio de Santo Espíritu del Monte**, que surge a los pies del Xocainet entre riscos, pinos y cipreses, y en cuyas proximidades hay un área recreativa con zona de acampada y un relajante aroma a pinos y a menta. Retornando a la N-234, **Albalat dels Tarongers** atrae y sorprende por la armoniosa vista que ofrece desde la carretera: el lateral, la cúpula y la torre de la iglesia de la Inmaculada Concepción y la fachada principal de un palacio del siglo XV que conserva esbeltas ventanas góticas y torres almenadas. Carretera adelante, la iglesia de los Santos Juanes (siglo XVIII) de **Estivella** y su delicioso campanario han sido el paisaje entrañable de varias generaciones de valencianos que

1. *Valle del río Palancia*
2. *Vista de Estivella*

vinieron a veranear aquí. Al otro lado del lecho del río, entre naranjos, cañaverales y granados silvestres, hay un acueducto de factura romana o árabe conocido como *Els Arcs*, para llegar al cual es necesario preguntar a los vecinos. Desde el lecho pedregoso del río pueden verse, bajo la curva de los arcos, los picachos de la sierra y las ruinas espectaculares del castillo de Beselga. A poca distancia del casco urbano en dirección al norte está el Pla de Estivella, un interesante parque de interpretación de la naturaleza. **Torres Torres** cuenta con unos Baños Árabes (MN) del siglo XII, en fase de restauración, un relajante lavadero a su lado, y restos del castillo: una torre, parte de las murallas y torrecillas defensivas.

Quienes se sientan seducidos por la idea de verse literalmente rodeados de

## MONASTERIO DE SANTO ESPÍRITU DEL MONTE

Fue fundado en 1402 por la reina Doña María de Luna, esposa de Martín el Humano, aunque los frailes franciscanos rechazaron el dinero para la construcción del edificio. Nada se conserva de aquella época ni de la reconstrucción a la que fue sometido en 1547 tras su destrucción por los piratas berberiscos. Lo más antiguo del actual edificio es el claustro, de 1681, en cuyo centro florecen naranjos amargos centenarios, regalo de la fundadora, y un cactus que cuenta la venerable edad de 115 años. La iglesia, concluida en 1690, posee un retablo plateresco en el altar mayor con tablas de Juan Miguel Porta, discípulo de Juan de Juanes.

## Monumentos y museos

### MONUMENTOS NACIONALES (MN)

El Monasterio de El Puig; Teatro Romano de Sagunt; Castillo de Sagunt; Iglesia de Santa María (Sagunt); Muro del Templo de Diana (Sagunt); Torre de Benavites; Baños árabes (Torres Torres).

### MONUMENTOS

**• El Puig**
**Real Monestir de Santa María del Puig.**
C/ Real Monestir Sta. Mª del Puig, s/n ✆ 961 470 200
🕐 Martes a sábado visitas guiadas: 10, 11, 12, 16 y 17 h.

**• Sagunt**
**Castillo y Teatro romano**
Calle del Castillo, s/n
✆ 962 665 581
🕐 Martes a sábado de 10 a 18 h (de abril a octubre hasta las 20); domingos y festivos de 10 a 14 h.

**Museu Arqueològic (Antiquarium Epigráfico del Castillo)**
Calle del Castillo s/n
✆ 962 665 581

🕐 idéntico al del castillo con la excepción de que permanece cerrado a mediodía de 14 a 17 h.

**Ermita de la Sangre. Conjunto Museográfico de Semana Santa**
Sangre Nueva, s/n
🕐 Sábados y domingos de 11 a 13:30 h.

**• Benavites**
**Torre Medieval**
✆ 962 636 652
🕐 Acudir al Ayuntamiento (junto a la Torre), en horario de oficina, para la visita.

**• Gilet**
**Monasterio de Santo Espíritu del Monte**
✆ 962 620 011 🕐 Lunes a viernes de 10 a 12 h y de 16:30 a 17:30 h, y domingos solo tarde.

**• Estivella**
**Museo Parroquial de los Santos Juanes**
Plaza La Creu, s/n
🕐 Concertar visita llamando por las mañanas al ✆ 962 628 600

naranjos, deben recorrer apenas cinco kilómetros para alcanzar tres pueblos de paisaje y sabor antiguo: **Algimia de Alfara**, junto a cuya iglesia se conserva el muro de la antigua mezquita, cristianizada en el siglo XVI; **Alfara de Algimia**, con la alegre fachada de templo clásico de la iglesia de San

Agustín hasta cuyos costados llegan los naranjos, una cisterna del siglo XIX y la ermita de la Madre de Dios de los Afligidos encaramada a un cerro. Por último, lindando con la provincia de Castellón, **Algar de Palancia**, con una antigua torre árabe en la que se ha habilitado un bar y en

1. *Alfara de Algimia*
2. *Segart*

cuyo término municipal abunda la caza. Aquí concluye la carretera, por lo que es preciso regresar a Torres Torres.

### Escapada al Garbí

El Garbí, lugar mítico y referente sentimental para los valencianos, es el pico más alto de la Sierra Calderona en la comarca del Camp de Morvedre. Se alcanza su cima por diferentes rutas. Desde **Estivella** se

*Castillo de Beselga*

### Alojamientos

**• El Puig**
**H\*\*\* Ronda II**
Julio Ribelles, 15
☎ 961 471 228

**• Sagunt**
**H\*\* Azahar**
Avda. País Valencià, 8
☎ 962 663 368

**Hs\*\* Trovador**
C/ Trovador, 63
☎ 962 676 148

**• Port de Sagunt**
**H\* El Bergantín**
Pl. del Sol, 6
☎ 962 680 359

**• Canet**
**d'En Berenguer**
**H\*\*\* Playa de Canet**
**d'En Berenguer**
Paseo 9 de Octubre, s/n
(Frente al puerto deportivo
de Siles) ☎ 962 607 802
www.hotelplayacanet.com

### Restaurantes

**• Sagunt**
**L'Armeler**
C/ del Castillo, 44
☎ 962 664 382

**Da Vinci**
C/ Numancia, 15
☎ 962 651 152

**• Port de Sagunt**
**Casa Juan**
C/ Virgen del Losar, 22
☎ 962 682 657

**Tapelia**
Avda. del Mediterráneo,
131-133 ☎ 962 673 193
www.tapelia.com

### Más información

**OFICINAS DE
INFORMACIÓN TURÍSTICA**

**Tourist Info Sagunt**
Pl. Cronista Chabret, s/n
☎ 962 662 213. De lunes a
viernes de 8 a 15 y de 16 a
18,30 h. Sábados y domingos
de 9 a 14 h.

**Tourist Info Canet
d'En Berenguer**
Paseo Marítimo, s/n
☎ 962 136 568
Funciona en verano

puede ir hasta **Beselga**, que agrupa su caserío a media altura de la Sierra. Sobre una escarpada roca, se alzan imponentes las ruinas de su castillo, en fase de restauración. En sus cercanías está la Fuente de Barraix, de aguas termales, a la que se debe llegar andando. Retrocediendo un poco por la carretera, se llega a otra, señalizada, que sube hasta el Garbí y que, si bien a mitad del trayecto deja de estar asfaltada, puede recorrerse con un turismo. Otra ruta más cómoda es dirigirse a Segart desde Albalat dels Tarongers. La carretera no es muy ancha, pero está por completo asfaltada. Asentado sobre un repecho de la montaña, **Segart** es un lugar diminuto y tranquilo en el que es posible encontrar, en la plaza del Ayuntamiento, un gran olmo con escaleras que descienden hacia sus raíces. La carretera continúa atravesando bellos parajes como la Mola de Segart, el Rodeno, la Malla y los Montes de Segart, hasta llegar al punto en que confluyen esta carretera con la procedente de Serra –en la otra vertiente de la Calderona– y el camino que viene desde Estivella. Aquí se debe continuar a pie un tramo no muy largo, aunque algo empinado, para llegar a la cumbre (593 metros) y sus miradores, desde los que se obtiene un inolvidable panorama.

## RUTA PROVINCIAL 2. LLÍRIA Y EL CAMP DE TÚRIA

La comarca del Camp de Túria es una extensa llanura ubicada entre éste río y la sierra Calderona. De arraigada tradición agrícola e intenso turismo de veraneo local, especialmente en los municipios de la sierra, en los últimos años ha experimentado un gran crecimiento urbanístico al que ha contribuido la belleza de sus parajes y la proximidad con Valencia, apenas a 25 kilómetros de Llíria, la capital de la comarca.

### EL DUCADO DE LLÍRIA

En la Guerra de Sucesión, un hijo del rey Jacobo II de Inglaterra combatió al servicio del aspirante Borbón. Jacobo Fitz James Stuart, duque de Berwick y Virrey de Irlanda, tras una brillante campaña militar venció en la decisiva batalla de Almansa que colocó en el trono a los borbones. Felipe V le recompensó creando y otorgándole el ducado de Llíria. A su muerte, el primer duque de Llíria fue enterrado en la iglesia arciprestal. El tercer duque, del mismo nombre, casó con la duquesa de Alba, quedando unidos ambos ducados.

Un par de kilómetros antes de llegar a Llíria por la autovía de Ademuz (CV-35), un desvío nos conduce a **Benisanó** y a su castillo-alcázar, cuyo cuerpo principal engloba en su centro una torre islámica del siglo XI, en torno a la cual se construyó el edificio del siglo XV. Las ventanas trilobuladas y con esbeltos parteluces delatan su factura gótica, así como su función palaciega más que defensiva. En este castillo sufrió una benigna prisión Francisco I, rey de Francia, del cual se conservan las habitaciones con el suelo y los artesonados del siglo XV, así como una curiosa inscripción en el friso, referida a un hecho acontecido durante su estancia. El encanto del

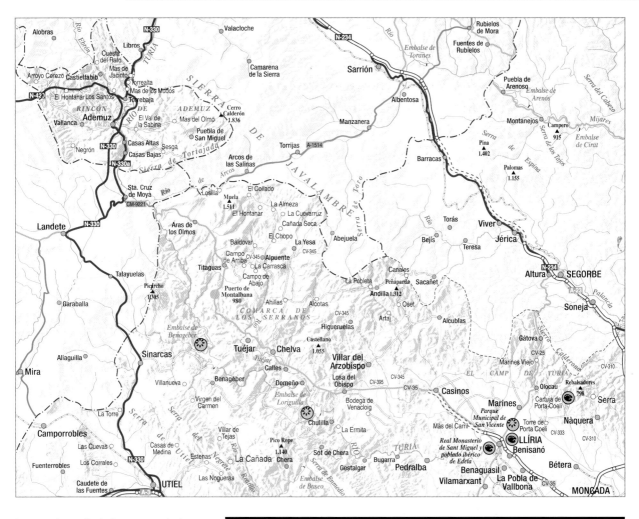

lugar y el interés de lo conservado hacen apetecible la visita al interior de este edificio, factible únicamente las mañanas del domingo. La muralla defensiva del castillo se conecta con el recinto amurallado (siglos XIII-XIV) que cercaba la pequeña población. Un breve paseo por las calles antiguas, armoniosas y apacibles, permite descubrir algunos restos de la muralla, va-

## NOMBRES PROPIOS VINCULADOS A LLÍRIA

**Pompeyo Magno** y el general **Sertorio** lucharon hacia el 77 a. C. en los campos de Lauro —probable nombre romano de Llíria— que fue arrasada por las tropas de este último. **Marco Cornelio Nigrino** (40 d. C.) natural de Edeta-Lauro e impulsor de grandes obras públicas, como el Santuario Oracular de Mura, fue rival de Trajano en la sucesión al trono imperial. El **Cid** puso sitio a la Llíria islámica en el año 1090, al haberse negado esta a pagar el tributo anual. **doña Germana de Foix,** segunda esposa de Fernando el Católico y Virreina del Reino de Valencia, murió en esta ciudad en 1536.

*Vista de Llíria*

Edeta. El amor a la música y la excelencia con que se entregan a ella las dos formaciones musicales Llírianas, la Banda Primitiva y la Unión Musical que, desde su fundación en el siglo XIX, no han dejado de cosechar éxitos internacionales, han conseguido para Llíria el título de Ciudad de la Música. En un costado de la plaza, casi alineados, encontramos dos edificios

## UN PRISIONERO REGIO

En la famosa batalla de Pavía entre las tropas del emperador Carlos V y las de **Francisco I,** el rey de Francia fue derrotado y cayó prisionero. Carlos V lo envió a Valencia bajo la custodia de Jeroni Cabanilles, quien lo alojó en su castillo de Benisanó. Durante 18 días del mes de junio de 1525, el rey de Francia disfrutó de cacerías y fiestas, servido por caballeros y custodiado por 300 soldados. Cuenta la leyenda que, en el baile de despedida, el rey quiso danzar con las dos hijas de su anfitrión, a lo que ambas, orgullosas, se negaron. El padre las tomó por el cabello y las condujo al salón pronunciando las palabras que figuran en el friso: «vuestra soberbia os matará a las dos». Nada añade la leyenda sobre el desenlace, pero todo hace suponer que las orgullosas rebeldes se avendrían a bailar con el ilustre prisionero.

rios torreones y los *portales* de Llíria, de Valencia y de Bétera, los tres del siglo XVI, recientemente restaurados.

De vuelta a la carretera, en pocos minutos se penetra en el casco urbano de **Llíria**. Ya en la distancia se aprecia los contornos de esta ciudad de perfil ondulante, con altibajos que se corresponden con el llano y los cerros sobre los que está emplazada. El primer asentamiento humano conocido se halla en el Tossal de Sant Miquel, donde tuvo su solar la importante ciudad ibérica de Edeta, capital de un extenso territorio llamado Edetania que

abarcaba desde el río Xúquer al Palancia. Con la romanización, se vio involucrada en las guerras civiles romanas y en sus proximidades el general Pompeyo el Grande sufrió una gran derrota, siendo destruida la ciudad. La población se desplazó al llano, donde permaneció algunos siglos hasta que ascendió al Tossal de la Sang, corazón de la ciudad medieval islámica y cristiana, para descender de nuevo en el siglo XVII a la Plaza Mayor, desde entonces centro neurálgico. En esta, dos olivos enmarcan un monumento a la Música, obra del escultor Silvestre de

singulares: el renacentista Ca la Vila, ofrece una alargada y sobria fachada rematada por una galería de arquillos. Comenzado en 1598 para alojar diversos servicios municipales, el tamaño y belleza del edificio dan cuenta de la relevancia y riqueza que había alcanzado Llíria, de cuyo Ayuntamiento sigue siendo sede. El otro edificio, iniciado treinta años más tarde, es la iglesia arciprestal de la Asunción de Nuestra Señora (1627-1672) cuya portada, de gran belleza y espectacularidad, se concibe como un monumental retablo barroco de tres cuerpos, obra de Tomás Leonardo Esteve, en el que las sucesivas columnas con fustes lisos, estriados y salomónicos, capiteles de los tres órdenes, pilastras, frontones y hornacinas, se combinan sabiamente y construyen el espacio en el que brillan las esculturas de Raimundo Capuz. El interior del templo, de tres naves con crucero, se realza por una cúpula con tambor octogonal y linterna, decorada con esgrafiados. Adosado a una pared del presbiterio, se halla el sencillo sepulcro de mármol de Carrara de doña Teresa de Silva y Palafox, duquesa de Alba y de Llíria, enterrada aquí en el siglo XIX.

*Llíria. Iglesia de Asunción.*

*Llíria. Iglesia de la Sang.*

Una fila de palmeras situada en el ángulo más agudo de la Plaza Mayor señala el camino hacia la plaza de Partidors, de la que sale la calle San Vicent Ferrer. En ella, integrados en el bajo de un edificio moderno, hay un conjunto de mausoleos monumentales del siglo I, que formaban parte de la antigua necrópolis y permiten una aproximación a los usos funerarios de su tiempo. Calle adelante, a la derecha, quedan a la vista las ruinas del que se ha considerado el más importante complejo religioso y termal de la Hispania Tarraconense: el Santuario oracular de Mura (siglo I d. C.), en el que convergían el

templo y el oráculo de la sibila con las termas, un ámbito de esparcimiento y salud de gran importancia social en su época. Por la aneja plaza de las Termas Romanas, calle Cruz Roja y calle Duque de Llíria, llegamos al dieciochesco convento e iglesia del Remei, convertido aquel en residencia de ancianos. La iglesia presenta fachada y torre de sobriedad clasicista y austera, en consonancia con la sencillez del laberinto urbano en el que penetramos y que asciende al Tossal de la Sang, corazón del medioevo. Al final de la calle de Andoval están los Baños árabes (siglo XII), único resto de la Llíria islámica.

Las tranquilas callejuelas, breves y quebradas, evocan un paraíso de animales domésticos y tiempo sin prisas. Desde la calle Pompeu –evocación del general romano Pompeyo Magno, cuyo partido defendieron los edetanos y por cuya causa la antigua Edeta fue arrasada– se vislumbran los merlones de la muralla asomando entre las casas de la calle Viriato, otro guerrero que simboliza, en cambio, el espíritu heroico de las luchas antirromanas. Aunque construida en el siglo XII, los restos de la muralla son ya de época cristiana. Por la calle Pompeu, cuesta arriba, se llega a la pequeña plaza de la Mare de Déu, así llamada por la iglesia que se levanta a su costado, del siglo XVIII. A pocos pasos comienza el Carrer de la Sang, en uno de cuyos recodos, al final de una escalera que salva el desnivel desde la calle, se abre un arco de medio punto que da entrada al Forn de la Vila (siglo XV). Su interior, sustentado por arcos ojivales, con-

*Llíria. Real Monasterio de Sant Miquel.*

serva íntegro el horno de cocer pan. La calle continúa ascendiendo hasta la Plaza Major Antiga y la plaza del Trinquet Vell. Este es uno de los espacios más sugerentes, en el que se aprecian los desniveles que impone la topografía del Tossal y en el que se revela la Llíria medieval en su dimensión humana. El pequeño edificio que acogía las actividades de la Cambra dels Jurats o gobierno municipal, llamado Ca la Vila Vella (siglo XV) y su sencillo portal de medio punto adovelado, evoca la vida cotidiana. La explanada de nivel más bajo limita con la espalda de la iglesia arciprestal, cuya cúpula de teja azul vidriada se nos antoja al alcance de la mano.

A un nivel más alto, donde estuvo la mezquita, se levanta la iglesia de la Sang (MN), del siglo XIII, joya de la arquitectura de reconquista. Traspasado el umbral bajo la triple arquivolta sostenida por finas columnillas góticas, se penetra en la única nave, dividida por bellos arcos de diafragma entre los que se abren los arcos ojivales que dan paso a las capillas laterales. De la antigua mezquita quedan unas columnas que sustentan el coro, al que puede accederse para disfrutar del polícromo artesonado mudéjar, fascinante compendio de aventuras caballerescas. Rodeando el costado derecho de la iglesia se llega a la cima del *tossal*, ocupada en época islámica por el alcázar o *alcassaba*, sede de la más alta autoridad de la ciudad, protegido por su propio recinto amurallado del que quedan algunos restos frente a la iglesia. En este mirador privilegiado un edificio moderno trata de evocar el antiguo alcázar: el Museo Arqueológico de Llíria (MALL), en el que se conservan interesantes restos de época ibérica, romana y medieval.

Es momento de subir en coche al **Real Monasterio de Sant Miquel**, prestando mucha atención a las callejuelas empinadas y estrechas al final de las cuales hay un área de aparcamiento. Los casi 360 grados que alcanza la vista desde la cumbre permiten ver las estribaciones del sistema ibérico por el oeste, la fina línea del mar que asoma entre Sagunt y Denia por el este, y el amplio y fértil llano que riega el Turia a los pies. Este es el paisaje, apacible y agreste a la vez, que contemplarían las nobles viudas que se retiraron del mundo para vivir, como ermitañas, en este altozano. El rey Jaime II el Justo fundó el beaterío en el año 1319, bajo la advocación del arcángel Sant Miquel, comandante de las tropas celestiales que derrotaron a las de Lucifer. Tras la fachada (1900), una larga escalera conduce al patio que da acceso al antiguo monasterio y a la iglesia (siglo XVIII) dedicada a Sant Miquel. De una sola nave, decorada con pinturas murales y estucos dorados, es un joyero colorido y brillante. La imagen del arcángel es réplica de la talla primitiva de 1411, perdida en 1936. La original fue un regalo de fray Juan Gilabert Jofré, fundador del primer hospital psiquiátrico del mundo, a este beaterío recién reformado por el rey Martín el Humano. El camarín (1794-1807) es obra de Vicente Marzo, con notables pinturas al fresco de Manuel Camarón Meliá.

El **poblado ibérico de Edeta**, en fase de acondicionamiento en la actualidad, se halla en este *tossal*, lo que revela su importancia estratégica. Las tropas francesas, que durante la guerra de la Independencia ocuparon Llíria desde 1810 al 1813, se hicieron fuertes en el monasterio, y lo intentaron sin éxito las tropas carlistas del general Cabrera en 1836. Estas evocaciones bélicas quedan suavizadas cuando el arcángel guerrero sale de su santuario en septiembre y baja a la iglesia arciprestal para encontrarse con San Vicente Ferrer y celebrar con él, y con miles de Llírianos, la

1. Llíria. Restos de la antigua Edeta.
2. Llíria. Parque Municipal de San Vicente.

## EL MILAGRO DE LA FONT DE LLÍRIA

Ya en época romana, a unos tres kilómetros de Llíria, manaba la fuente que alimentaba el Santuario Oracular de Mura y su complejo termal. En el año 1410, se secó aquella fuente y los Jurats de Llíria reclamaron la intercesión del ya sexagenario dominico fray Vicente Ferrer. Este, tras imponer tres días de ayuno a los llirianos, el 30 de agosto celebró misa en la iglesia de la Sang y luego, acompañado por una nutrida comitiva, se dirigió a la fuente. Allí, a la sombra de un olivo, predicó a los presentes, bendijo el manantial seco, del que comenzó a brotar agua, y vaticinó que nunca dejaría de manar. El paraje se conoce como **Fuente de San Vicente**, y el episodio, como el milagro de la Font de Llíria.

procesión en la que culminan sus fiestas y su centenaria Feria, antes de retornar al silencio de su refugio perpetuo.

Descendemos la colina hacia el centro urbano para tomar la dirección de Marines (CV-25) hacia Olocau. A unos tres kilómetros se encuentra, bien señalizado, el paraje conocido como **Parque Municipal de San Vicente**. Las ninfas de la antigüedad eligieron este lugar para fijar su acuática morada y otorgar a los mortales sus dones salutíferos entre olmos, aca-

cias, chopos, eucaliptos, pinos, olivos centenarios y una variada flora. Nada queda del templo que les dedicaron los romanos, pero su presencia se intuye en la placidez del entorno y en los menudos chapoteos de los patos y las palomas que moran en un anillo de agua en torno al manantial originario. Este fue el escenario de un milagro de **San Vicente Ferrer**, en cuyo honor se levantó una **ermita** en el siglo XVIII.

Continuamos hacia **Olocau**, elevado a la categoría de condado en 1369 por el rey Pere el *Cerimoniós*. Su emplazamiento y el hecho de ser una de las puertas de entrada al Parque Natural de la Sierra Calderona lo hacen merecedor de una visita. Sin que nos hayamos dado cuenta, la sierra ha extendido de pronto sus desnudas y pétreas extremidades de cualidad rojiza y carnosa,

Olocau

su aire puro para acometer la ascensión de sus calles empinadas. Dentro del casco urbano hay una torre de origen islámico, algo desangelada por las casas modernas que la comprimen y algunas intervenciones urbanísticas poco afortunadas. En las afueras, alzan el cuello las ruinas de su castillo, asentado sobre un alto cerro que domina la entrada a la sierra. Entre los atractivos paisajísticos de Serra se cuentan el mirador de Rebalsadors y el castillo del

para envolvernos en un abrazo. Las callejuelas trepan, aseadas y blancas, formando pequeñas terrazas. Junto a una vieja torre de piedra, quizá de construcción romana, el conde de Olocau levantó su casa señorial cuya actual construcción (siglo XVIII), muy reformada, es reconocible por su fachada pintada de color vino. Por detrás del pueblo, un camino asciende a las ruinas del castillo de Alí Maimó, un nombre que resuena con magia particular y ecos heroicos ya que, según se cuenta, fue el último de los castillos islámicos en rendirse al conquistador Jaime I. Otras rutas se adentran en los laberintos secretos de la sierra entre picachos, barrancos, hondonadas y fuentes.

Emprendemos el camino a Bétera por la CV-333 y luego tomamos la CV-310 en dirección a **Serra**, una de las poblaciones de mayor tradición veraniega de toda la comarca. Situada también a los pies de la Calderona, se hace imprescindible respirar

*1. Vista de Olocau*
*2. Torre islámica de Serra*

## LA PUERTA DEL CIELO

Este es el sugestivo nombre que recibió la **Cartuja de Santa María de Porta-Coeli,** fundada en 1272 y ampliada en siglos sucesivos. El claustro de mayor antigüedad de los tres conservados es el gótico, de 1325. En 1405 se inició el acueducto, de 17 metros de altura y 200 de longitud. Del siglo XVI es el claustro renacentista, en tanto que el de mayores dimensiones se remonta al siglo XVII. La iglesia es la pieza de mayor valor artístico: de estilo gótico, fue restaurada y enriquecida en el siglo XVIII con mármoles, jaspes, alabastros y pinturas. Tras la desamortización, fue sanatorio antituberculoso y hotel-restaurante. Desde 1944 está ocupado de nuevo por monjes cartujos, por lo que no está permitida la entrada.

1. *Castillo de Bétera*
2. *Chulilla*

Alt del Pi, cuyo acceso sólo es posible a pie o en vehículo todoterreno.

Hay otro singular y emblemático paisaje al que se llega con cualquier vehículo: el entorno de la **Cartuja de Porta-Coeli**, enclavada en la serralada del mismo nombre y accesible desde Náquera, Bétera y Serra, cuyas carreteras confluyen en la CV-331 que, entre pinadas, sendas y áreas recreativas, llega hasta la cartuja para morir allí. Apenas traspasada la verja de entrada, abierta durante el día, impacta la belleza del lugar. La sierra ha formado un gran circo y bajo una de sus puntas rocosas, encaramado a un altozano, se alzan los edificios de la cartuja, arropadas las espaldas por pinos y cipreses y caldeados los pies por una alfombra de naranjos sobrevolada por un acueducto de arcos ojivales. Asoman sobre la tapia tejados, cúpula y torrecillas, y el único sonido que podríamos calificar de humano es el que emite, de vez en cuando, una campana que llama a los monjes a la oración.

Volvemos atrás por la misma carretera y tomamos el desvío a **Bétera**. Entre las calles antiguas de esta población surge, de pronto, la iglesia y, un poco más arriba, invisible por lo laberíntico de las callejuelas, su singular castillo. De origen islámico y estructura en apariencia caprichosa, fue reconstruido en el siglo XIV y en la actualidad es sede del Ayuntamiento. Posee cuatro torres, la central con más de 25 metros de altura y un encanto especial. Bajando de nuevo hacia la parte llana, hendida por el barranco del Carraixet, casi se siente el perfume de *les alfàbegues*, las gigantescas plantas de olor fresco con que se obsequia a la Mare de Déu d'Agost y a Sant Roc en mitad del sofocante mes de agosto.

### Escapada a las comarcas de Los Serranos y al Rincón de Ademuz

Desde Llíria, siguiendo la CV-35, cabe adentrarse en la comarca de Los Serranos, una de las más agrestes y ricas en valor paisajístico. Entre los desfiladeros, cañones y picachos de las estribaciones de la Sierra de Javalambre, se resguarda una importante masa forestal a cuyos pies se desliza el río Turia. Pasado el municipio de Casinos, la CV-395 nos conduce a **Chulilla**, que trepa por un risco en cuya cima está el imponente castillo (MN), con restos árabes, al que debe subirse andando por las estrechas calles empinadas de zigzagueante trazado medieval. En sus proximidades está el **embalse de Loriguilla**. Retornando a la CV-35, se llega a **Chelva**, capital de la comarca. En su

*1. La zona es propicia para la práctica del senderismo*
*2. Embalse de Loringuilla*
*3. Acueducto de Chelva*

casco antiguo, el barrio morisco del Arrabal, el barrio judío y el barrio árabe o de Benacacira, testimonian las diferentes culturas que coexistieron en el pasado. La iglesia arciprestal de Nuestra Señora de los Ángeles (siglos XVII-XVIII), de monumental fachada, es una joya del barroco valenciano, obra de Juan Bautista Pérez Castiel. El Ayuntamiento Antiguo (siglo XVI) es un edificio de interés, así como la hermética Plaza de Toros (1909) situada a la salida de la población. Con todo, el monumento más importante es el **Acueducto de Peña Cortada**, entre Chelva y Calles, construido

por los romanos en el siglo I a. C. para llevar el agua a Sagunt. Para ver su parte más emblemática debe penetrarse en la montaña por caminos rurales. A corta distancia de Chelva está **Tuéjar**, en cuyo paraje llamado Azud nace el río Tuéjar. Se hallan muy próximos el **embalse de Benagéber**, apto para la práctica de numerosos deportes acuáticos, y las pinturas rupestres de Corrales de Silla. La CV-35 continúa hasta **Titaguas**, población con un casco antiguo sugerente, rica en yacimientos arqueológicos y famosa por sus vinos. Desviándonos por la CV-345 en-

contramos a unos seis kilómetros la pequeña población de **Alpuente**, que fue capital de la taifa árabe de Alpuente, y de cuyo pasado queda el testimonio de la Torre de la Aljama, algunas casonas con escudos nobiliarios y el Mirador del Castillo, antigua fortaleza de la que aún quedan restos romanos y árabes. Volviendo a la CV-35, antes de entrar en el Rincón de Ademuz, encontramos **Aras de los Olmos**, con su Observatorio Astronómico del Alto Turia ubicado a 1.300 metros de altura, y al que se llega en vehículo sin dificultad.

1. *Vista de Alpuente*
2. *Acueducto de Alpuente*

## Monumentos y museos

### MONUMENTOS NACIONALES (MN)

Iglesia de la Sangre de Llíria;
Castillo de Chulilla.

### MONUMENTOS

**• Benisanó**
**Castillo-alcázar**
◷ Domingos de 11 a 14 h.
✆ 962 793 072

**• Llíria**
**Mausoleos romanos,**
**Santuario Oracular de Mura,**
**Baños árabes, Iglesia de la**
**Sang y Museo Arqueológico**
**de Llíria**
◷ Horarios variables a lo
largo del año. Consultar en la
página web: www.lliria.es

En el **Tossal de San Miguel**
se encuentran las ruinas
de la antigua ciudad ibera
de Edeta. Se recomienda a
quienes quieran visitarla pedir
información muy precisa o
sumarse a alguna visita guiada.

**Monasterio de San Miquel**
Cerro de San Miquel, s/n
◷ Lunes a sábado
de 9 a 12 y de 16 a 19 h;
domingo de 7,30 a 14
y de 16 a 19 h.
✆ 962 781 102

**Ermita de San Vicente**
◷ Domingos y festivos
de 11 a 14 h.

1. *Observatorio Astronómico del Alto Turia*
2. *Vista de Ademuz*

**El Rincón de Ademuz** es una isla de siete pueblos enclavada entre Valencia, Cuenca y Teruel, por la que discurren los ríos Ebrón, Boilgues y Guadalaviar –que más al sur se convierte en el Turia–, dando lugar a apacibles alamedas que contrastan con las alturas de la Sierra de Javalambre y el Monte Calderón (1.839 metros), la cota más alta de la Comunidad Valenciana. **Ademuz**, la capital de la comarca, está pintorescamente

## Alojamientos

• *La Eliana*
**H\*\*\* Iris**
C/ Sanchis Bergón,16
✆ 962 742 835

• *Bétera*
**H\*\*\*\* Ad Hoc Parque**
Botxí, 6-8 (Urb. Torre en
Conill 6-8) ✆ 961 698 393
www.adhochoteles.com

**H\*\*\* Valencia Golf Hotel**
Botxí, nº 5 (Urb. Torre en
Conill 6-8) ✆ 961 698 046

• *Olocau*
**Hs\* L'Arquet**
Font del Frare, 4
✆ 962 739 814

• *Torrebaja*
**H\*\* Hotel Casa Emilio**
C/ Teruel, 23
✆ 978 783 004

## Restaurantes

• *Benisanó*
**Levante**
C/ Virgen del Fundamento, 27
✆ 962 780 721

• *Llíria*
**La Taula de Llíria**
C/ San Vicente de Paúl, 24
✆ 962 780 091

**Restaurante el Caribe**
C/ Duc de Llíria, 112
✆ 962 782 274

• *Torrebaja*
**Casa Emilio**
C/ Teruel, 23 ✆ 978 783 004

• *Ademuz*
**Casa Domingo**
Avda. De Valencia, 1
✆ 978 782 030

## Más información

**OFICINAS DE
INFORMACIÓN TURÍSTICA**

**Tourist Info Camp de Tùria**
Pla de L'Arc, s/n
Llíria
✆ 962 793 619 y 962 793 619

**Tourist Info Llíria**
C/ La Vila (Plaça Major)
Llíria
✆ 962 791 522 y 615 506 931
De martes a sábado
de 10 a 14 y de 17 a 18,30 h;
domingos de 10 a 14 h.

1. *Castielfabib*
2. *Casas Bajas*
3. *Los Santos*

colgada en el monte de los Zafranares y cuenta con la románica ermita de la Virgen de la Huerta (siglo XIII). **Castielfabib** arropa con sus casas la espectacular iglesia-fortaleza de Nuestra Señora de los Ángeles de origen templario. Torrebaja, Casas Altas, Casas Bajas, Puebla de San Miguel y Vallanca, con sus aldeas, completan un territorio caracterizado por la buena mesa, la vida apacible y los bellos parajes.

**RUTA PROVINCIAL 3. GANDIA Y LA COMARCA DE LA SAFOR**

Lo primero que seduce de la comarca de La Safor son las altas cumbres de las sierras que yerguen sus extremos frente al mar y, como una erizada media luna, se separan de la costa formando un gran regazo llano y verde. Les Agulles, Falconera, La Safor, Mustalla, son algunas de esas sierras que antes evocan costas difíciles que fértiles tierras y playas de fina arena. Los núcleos urbanos crecen tierra adentro, pero extienden largos dedos hacia el mar y allí se recrean en una sucesión de playas

*Tavernes de la Valldigna*

## FIESTAS Y GASTRONOMÍA

### Fiestas

Son numerosas las fiestas a lo largo del año. La fiesta de **Sant Antoni**, con los *porrats* o mercadillos de golosinas se celebran en casi todas las localidades, al igual que las **Fallas**, que adquieren especial relieve en Gandia. Los **Carnavales** de Oliva ya se celebraban en el siglo XVIII, y sus **Moros y Cristianos**, en julio, son los más antiguos de la comarca. Gandia celebra sus fiestas patronales en honor de **San Francisco de Borja**, entre finales de septiembre y principios de octubre. La **Semana Santa** es, con todo, la fiesta más importante y extendida.

### Gastronomía

La rica gastronomía de la comarca de La Safor se caracteriza por los excelentes productos de la tierra y del mar. En el interior triunfan los arroces y en especial la paella valenciana con pollo y conejo, el arroz al horno, o el puchero con pelotas. En la costa, la *fideuà* de Gandia, un plato similar a la paella pero confeccionado con fideos en lugar de arroz. Son famosos en las playas el pulpo y la *mussola*. Oliva descuella con los pimientos rellenos, las gambas con acelgas, o el *suquet* d'anguila.

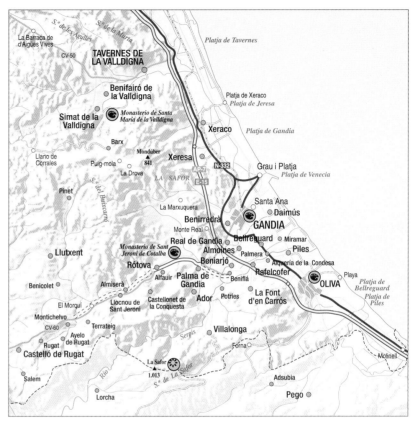

gozosas: las de Tavernes de la Valldigna, Xeraco, Gandia, Daimús, Guardamar, Miramar, Piles, Oliva, nombres con luz de sol y sabor a ocio y a verano. Y, lo que es más interesante, el interior de la media luna es un territorio menos conocido pero amable y lleno de sorpresas.

Desde la autovía AP 7-E 15 que continúa hacia el sur después de dejar atrás el espectacular castillo de Corbera, se ven las macizas cumbres de la sierra de les Agulles, que protege un valle plano y verde abrazado al sur y a poniente por las laderas del Mondúver. Una desviación a la derecha marca el camino hacia **Tavernes de la Valldigna**, a los pies del pico de Les Creus. Además del paisaje, ofrece el interés de la iglesia de San Pedro (siglo XVI), con una bella cúpula sobre pechinas con ornamentación barroca. Atravesando la población en dirección al interior, se encuentran los desvíos hacia los otros dos pueblos que manchan de blanco el valle: **Benifairó de la Valldigna**, solitario en medio de los naranjales y vigilado a distancia por el castillo de la Reina Mora, impresionante pese a su estado ruinoso, y **Simat de la Valldigna**, que ofrece su espalda al monte Toro.

*1. Benifairó de la Valldigna. Vista general.*
*2. Iglesia en Benifairó*
*3. Detalle del interior del monasterio de Santa María de la Valldigna*
*En la página de la derecha, vista general del monasterio y su entorno*

Cuentan las crónicas que, en 1298, el rey Jaime II viajaba desde Xàtiva acompañado del Abad de Santes Creus y, cuando vio este valle, admirado por su belleza, declaró que era «una vall digna» del emplazamiento de un gran monasterio. Reagrupó sus tierras y las entregó al Abad cisterciense para la fundación del **monasterio de Santa María de la Valldigna**, de gran prestigio en la Corona de Aragón. El valle olvidó entonces su nombre de *Alfandech* para adquirir el de Valldigna. En la actualidad es tan verde y hermoso como hace siete siglos; tan tranquilo como cuando sólo estaba poblado por pequeñas alquerías moriscas. El **monasterio (MN)**, visitable aunque está en fase de recuperación, se halla junto a las últimas casas de Simat. Dos torreones almenados entre los que se abre una puerta con un arco apuntado y bóveda de crucería, cons-

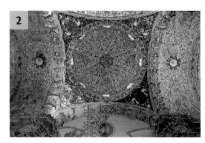

1, 2 y 3. *Real Monasterio de Santa María de la Valldigna*
4. *Mezquita de Xara (Ermita de Santa Ana)*

tituyen el Portal Nou (siglo XIV) que da acceso al recinto. Al torreón de la derecha se adosa la Capilla de Nuestra Señora de Gracia (siglo XVIII), patrona de Simat, cuya bella portada suaviza el rigor de la muralla. Ya en el interior, cuatro cipreses marcan el centro del que fuera Claustro Mayor (siglos XV-XVI) flanqueado por el Aula Capitular y el Refectorio, ambas estancias del siglo XV, reconstruidas en parte. También quedan algunas columnas y arcos ojivales del Palacio Abacial y los Dormitorios (siglos XIV-XV). La iglesia, construida después de que sendos terre-

motos en los siglos XIII y XV destruyeran las anteriores, se inició en 1648 y sus obras se prolongaron un centenar de años, siendo uno de los mejores ejemplos del barroco churrigueresco en la Comunidad Valenciana. De una sola nave con capillas laterales, crucero y cúpula, el despojamiento y abandono sufridos tras la desamortización, de los que aún se resiente, se atenúan cuando la luz del sol enciende los colores de las pinturas y las devuelve a la vida.

A menos de 400 metros, por un paseo que discurre entre naranjos, se encuentra

la **Mezquita de Xara**, hoy **ermita de Santa Ana**, para entrar a la cual se pueden pedir las llaves en el monasterio. El *lugar de Xara* fue un poblado de moriscos desaparecido tras la expulsión de estos en 1609. El edificio conserva alguno de sus primitivos elementos: en el exterior una pila para las abluciones y, en el interior, un arco del *mihrab* y el delicioso arranque de la escalera del minarete. La sencillez y armonía del lugar, el secular silencio y la estrecha conexión con la naturaleza, actualizan un modo de vida humilde y pleno de humanidad. La vista del valle, cuyos cam-

## SAN FRANCISCO DE BORJA

**Francisco de Borja** (1510-1572) bisnieto del Papa Alejandro VI, fue el IV Duque de Gandia, virrey de Cataluña y estrecho colaborador del emperador Carlos V. Este le pidió que acompañara hasta su tumba en Granada el cadáver de su esposa, Isabel de Portugal. Finalizado el largo viaje, hubo de examinar el cadáver de la emperatriz para dar fe de su identidad y, al ver corrompida su belleza, juró no volver a servir a un señor mortal. Tras enviudar, renunció a sus títulos a favor de su hijo e ingresó en la Compañía de Jesús, sobre la que ejerció una gran influencia llegando a ser Superior General. Fue canonizado en 1671.

*Vista de Barx*

pos se funden a lo lejos con la línea del mar, resulta impresionante desde el **Mirador de la Visteta** al que se llega por la CV-675, carretera sinuosa que asciende al Mondúver en dirección a **Barx**, un pequeño municipio a la sombra del pico de Penyalba. Desde el poblado veraniego de La Drova, la carretera desciende aprisionada por paredes rocosas entre las que se perfilan ásperos picachos de contornos azules. Y casi sin que pueda apreciarse, los campos de naranjos nos rodean de nuevo y nos empujan en dirección al centro vital de La Safor.

**Gandia** es la capital de la comarca, cercana y acogedora sin dejar de ser cosmopolita. Convertida a finales del siglo XIV en ciudad ducal, durante el siglo siguiente se afirmó su esplendor con personalidades de talla universal: por una parte, grandes literatos como el poeta Ausias March, Joan Roiç de Corella y Joanot Martorell,

hijos de esta ciudad; por otra, el arraigo de una rama de la familia Borja en calidad de Duques de Gandia, cuando el Papa Alejandro VI Borja –o Borgia, como es más conocido por la italianización de su apellido– adquirió el ducado a finales del siglo XV para uno de sus hijos. A la brillantez de esta familia, emparentada con gran parte de la realeza europea, vino a sumarse, en el siglo XVI, la de uno de sus más celebrados vástagos, San Francisco de Borja. Este rico pasado ha dejado en la piel urbana una huella profunda, sobria y elegante, particularmente perceptible en la Plaza Mayor, presidida por una estatua del Duque santo. Dos edificios subrayan la monumentalidad de la plaza, en permanente y distendida animación: el ayuntamiento en un extremo y la colegiata en el otro.

Ejemplo del llamado gótico mediterráneo, la Colegiata de Santa María (MN) fue construida posiblemente sobre una mezquita y ampliada en estilo gótico a finales

## LA DELICADA DE GANDIA

Cuenta la leyenda que, cuando pasaba junto a la Puerta de la Virgen María de la colegiata de Gandia, a una joven le cayó sobre la cabeza el pétalo de un jazmín tallado en la fachada y murió en el acto. La socarronería popular sacó provecho de este episodio y, para burlarse de los supuestos remilgos de alguien, se le compara con «la delicada de Gandia, que le cayó un pétalo en la cabeza y se murió». Claro, que el pétalo era de piedra y se le calcula un peso de unos cincuenta kilos.

*Plaza Mayor de Gandia*

del siglo XIV por Alfonso de Aragón El Viejo, primer Duque Real de Gandia. En el año 1499, el Papa Alejandro VI Borja le concedió la dignidad de Colegiata y la duquesa María Enríquez –nuera del Papa–, la amplió hasta alcanzar su actual longitud de 57 metros. De exterior severo, con escasas aperturas y poca altura, cuenta con dos puertas de entrada. La más antigua es la llamada Puerta de la Virgen María (siglo XIV), que con sus finos arcos ojivales y delicada tracería gótica comunica la Colegiata con la Plaza Mayor. La bellísima Puerta de los Apóstoles forma parte de la ampliación de María Enríquez, quien ordenó plasmar en ella sus escudos. El interior es de planta rectangular y una sola nave cubierta con bóveda de crucería, sin girola ni crucero. Un modelo que

será adoptado por los jesuitas en la iglesia del Gesù de Roma y que más tarde difundirían por todo el orbe católico. En el otro extremo se halla el ayuntamiento, del que se ha conservado la monumental fachada, de estilo neoclásico, realizada en 1781. Sus cuatro elegantes columnas adosadas, entre las que se abren tres sobrios balcones, se rematan con un friso dórico y una balaustrada sobre la que campean cuatro bustos de piedra, artísticos recordatorios de las virtudes cardinales que deben presidir el buen quehacer de los gobernantes.

Desde la Plaza Mayor, por la calle Duc Alfons el Vell, se llega al palacio Ducal, residencia de los duques de Gandia hasta que el linaje de los Borja se extinguió en el siglo XVIII. A finales del siglo XIX la Compañía de Jesús lo adquirió y transfor-

mó en una exaltación de San Francisco de Borja. A pesar de las intervenciones que han transformado el edificio original a lo largo de los siglos, merece la pena visitar las estancias palaciegas. La entrada se realiza a través de un arco de medio punto con grandes dovelas del siglo XIV, sobre el que destaca un pétreo escudo borgiano del siglo XV. A través de dos portones que conservan un cerrojo de hierro forjado (siglo XIV), se accede a un amplio zaguán y al patio de armas, alrededor del cual se articula la noble construcción. Son destacables el Salón de Águilas, recorrido por un friso de dorada yesería, con aves picoteando entre pomos de frutas; la Galería Dorada, paradigma del barroco valenciano, pleno de exhuberancia y belleza, es una espectacular sucesión de salones en los que cada puerta de tránsito, concebida como una gran portada tallada y dorada, crea una perspectiva de vanos sucesivos que parecen atrapar toda la luz; el Salón de Coronas es llamado así por la doble corona que decora el artesonado, idéntica a la que, en azulejos fabricados en Gandia, decora los Departamentos Borgia del Vaticano. En esta misma estancia se abre al patio el único ventanal del siglo XVI conservado. Hay también cuatro espacios dedicados al culto: la Capilla neogótica en el que fuera despacho de San Francisco de Borja, con el Cristo que, según la tradición de la Casa Borja, habló al Santo; la minúscula y recargada Santa Capilla, su oratorio privado, redecorado en 1903; y, por último, las capillas del Sagrado Corazón y de San Francisco de Borja, construidas en las antiguas caballerizas, con acceso por la calle de los Jesuitas.

Muy cerca del palacio, en la calle Carmelitas, el Museo Arqueológico de Gandia ocupa el edificio que fue originariamente el Hospital y la iglesia de San Marcos, de los que subsisten algunas salas góticas con arcos apuntados y techumbre de madera. Junto con variados restos que explican la prehistoria comarcal, se conserva el pozo en el que se fundió la campana mayor de la Colegiata en 1585. Siguiendo hacia la izquierda la Avinguda d´Alacant que cruza el final de la calle Carmelitas, arribaremos a la Antigua Universidad (siglo XVI), reformada en los siglos XVIII y XIX, una institución que funcionó durante 275 años y contó con alumnos insignes como el botánico Antonio J. Cavanilles. En la actualidad, están ante en la puerta algunos miembros de la familia Borja convertidos en bronce por Manolo Boix: los papas Calixto III y Alejandro VI; los celebérrimos César y Lucrecia Borgia, hijos de este último y partícipes destacados de su leyenda negra; y San Francisco de Borja, quien ordenó construir la iglesia de las Escuelas Pías, adosada a la Antigua Universidad, cuya primitiva puerta (siglo XVI), aunque cegada, se conserva en la fachada. Detrás de esta iglesia, en el cruce entre la calle Alzira y la de San Rafael, se conservan restos de la muralla de principios del siglo XVI, en la que sobresale el cuerpo de un torreón. Anticipándose a los soldados que colocaron flores en los cañones de sus fusiles, a principios del siglo XX los gandienses plantaron sobre la torre un pino que lo identifica en el paisaje urbano y le ha dado nombre: Torreón del Pi.

Apenas ocho kilómetros al sur de Gandia, **Oliva** es la última población valenciana ceñida a la costa. Al igual que el

1. *Palacio Ducal de Gandia*
2. *Puerto deportivo de Gandia*

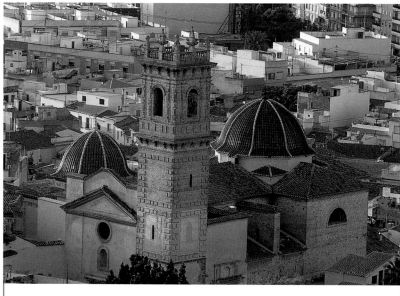

*Iglesia de San Roc. Oliva.*

## UN CRIMEN SIN RESOLVER

Don Juan de Borja, Duque de Gandia e hijo primogénito del papa Alejandro VI Borgia, se instaló en Gandia tras recibir el ducado y contraer matrimonio con Dª María Enríquez, sobrina de Fernando el Católico. Apenas quedó encinta, la dejó a cargo de sus propiedades y regresó a Roma donde el Papa lo nombró Capitán General de las tropas pontificias. Poco después, en el verano de 1497, desapareció cuando salía de una cena en casa de su madre. Fue hallado a los dos días, cosido a puñaladas, en el fondo del Tíber. Su asesinato conmocionó a toda Roma y quedó sin resolver. Los enemigos de los Borgia lo incorporaron a la leyenda negra de la familia, atribuyéndolo a su hermano César.

resto de localidades costeras de esta comarca, tiene el corazón dividido entre el núcleo urbano, que se recoge y abriga tierra adentro, y la arenosa playa, abierta a todo lo que puedan traer las olas. La carretera N-332 la cruza y traza la frontera: la parte más cercana al mar tiene edificios modernos y abundantes reclamos al ocio placentero, mientras la contraria se oculta y asciende monte arriba, ciñéndose a los pies del islámico castillo de Santa Ana. Esta es la que nos atrae y nos interesa descubrir y en la que se puede penetrar por un extremo de la plaza d'Alonso, cruzando bajo el Arco de la Verge Maria (siglos XV-XVIII). A sus pies nace, empinada, la calle de San Cristòfol, una de cuyas esquinas se redondea en un torreón (siglo XVI) de la muralla, colonizado por una casa, y continúa su ascenso hasta la plaza y la iglesia de San Roc (siglo XIX). Este tem-

plo, en el corazón del barrio morisco del Raval, se levantó sobre otro del siglo XVI, construido a su vez sobre una mezquita del siglo XIV. Su fachada no es muy sugerente, pero sí es atractivo el panorama que ofrecen sus cúpulas y lucernarios desde lo alto de la calle de San Sebastián, a la que se llega por el Portal del Fosar, adosado a la iglesia, y unas escaleras que salvan el desnivel entre el Fosar y aquella calle. Sorprenden entonces sus tejadillos, pinturas decorativas y cúpulas cubiertas con azules tejas vidriadas. Casi a su lado, separado apenas por unos cuantos tejados y la copa de un pino, surge a la vista, inesperadamente, el campanario de Santa María la Mayor. Una vez allá arriba, es agradable dejarse llevar por la curiosidad y la intuición, pasear por las calles y diminutas plazuelas de casas encaladas y contagiarse de su honda tranquilidad. Ese relajado callejeo puede llevarnos hasta los restos del castillo de Santa Ana (siglo XI), de origen islámico, desde el que se disfruta de una magnífica vista que se pierde en el mar. Al descender por la plaza de San Roc y la calle de San Jordi, se sale a la calle del Palau, cuyo nombre –palacio– recuerda que en ella estuvo emplazado el palacio de los Centelles, Condes de Oliva, del que subsisten la Torre de Comare (siglos XV y XVI) en la calle del mismo nombre y una ventana visible desde la plaza de la Iglesia.

La amplitud de la plaza permite apreciar la solemne fachada de la iglesia de Santa María la Mayor, majestuosa en su sencillez y grandes proporciones. Construida en 1787 en estilo neoclásico, sustituyó a un templo anterior del que todavía conserva una capilla gótica. Las puertas de la sacristía están talladas según los cánones barrocos, al igual que el altar mayor, y cuenta con bellos zócalos de azu-

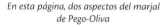

*En esta página, dos aspectos del marjal de Pego-Oliva*

lejos valencianos de los siglos XVII y XVIII. Las verdaderas dimensiones y aspiraciones del templo se aprecian mejor desde su parte posterior, en la calle de les Moreres, donde su fábrica de ladrillo y la arcada con la que salva un andén para peatones le otorgan un plus de belleza y espectacularidad. Otras calles aledañas son un recreo para la vista: las de Tamarit, Verge del Pilar y Moreres, tienen casas blasonadas y señoriales. Por la plaza de la Bassa y la calle Gómez Ferrer se llega a la plaza del Ayuntamiento, en la que hay una pequeña estatua en bronce de Gabriel Císcar. Frente a esta plaza, al comenzar la calle l'Enginy, hay un solar usado como aparcamiento en uno de cuyos lados son visibles –aunque tapiados– los arcos gótico-mudéjares de un molino en el que se trabajaba con la ca-

ña de azúcar. Su cultivo y tratamiento, introducido por los musulmanes, fue la principal actividad de Oliva durante la Edad Media y parte de la Moderna hasta que, a mediados del siglo XVIII, se hundió el mercado y se plantaron moreras para la producción de seda. De la plaza del Ayuntamiento parte también la calle Mayor, a la que recae la Casa de los Mayans (siglos XVII y XVIII) en la que vivió el ilustrado Gregorio Mayans. Está formada por dos edificios contiguos bien

diferenciados. Uno de ellos con arco adovelado de medio punto y balcones con rejas, es subsede del Museo de la Ilustración de Valencia (MuVIM) y exhibe una exposición sobre la vida cotidiana del siglo XVIII. El otro, abre a la calle una gran ojiva a modo de entrada y se remata con una galería de arcos en el ático. Alberga la Casa de Cultura y la Biblioteca Municipal. Calle abajo, a escasos cincuenta metros, está la fachada de la que fuera casa natalicia de Gregorio Mayans,

## LOS MAYANS

El siglo XVIII fue la edad de oro intelectual de Oliva, en la que florecieron algunas de las personalidades más relevantes de la Ilustración. **Gregorio Mayans** (1699-1781) brilló en la historiografía y la crítica literaria, además de ser introductor del pensamiento europeo en España. Su sobrino **Gabriel Císcar** (1760-1829) matemático, marino y político, desempeñó altos cargos con Fernando VII. Tras el giro absolutista del rey, fue condenado a muerte, aunque consiguió huir. Sus obras científicas fueron las últimas de la Ilustración.

## Monumentos y museos

### MONUMENTOS NACIONALES (MN)

Santa e insigne Colegiata de Santa María de Gandia; Monasterio de Santa María de la Valldigna (Simat de la Valldigna).

### MONUMENTOS

**• Simat de la Valldigna**
**Monasterio de Santa María de la Valldigna**
✆ 962 811 636
🕐 Lunes a domingo de 9 a 15 y de 16 a 18 h. Visitas guiadas domingo a las 12 h o concertar otro horario.

**• Gandia**
**Palacio Ducal**
C/ Duc Alfons el Vell, 1
✆ 962 871 465
🕐 Visitas guiadas cada media hora de 10 a 13 y de 16 a 18:30 h en invierno, y de 10 a 13 y de 17 a 20 h en verano.
✗ Domingos y festivos tarde.

**Museu Arqueològic**
C/ Hospital, 21
✆ 962 959 540
🕐 De Martes a sábado de 10 a 14 h y de 15 a 19 h; Domingos de 10 a 14 h.

**• Oliva**
**Torre del Palacio de los Centelles (Torre de Comare).**
C/ Comare, s/n
🕐 Jueves y viernes de 10 a 14 h; sábados de 17 a 20 h.

**Subsede del Museo de la Ilustración. Casa dels Mayans**
C/ Major, 10. Casa de la Cultura ✆ 962 851 667
🕐 De martes a sábado de 10 a 13:30 y de 16 a 19 h.
✗ Domingos.

**Museu Arqueològic**
C/ Moreres, 38
✆ 962 854 628
🕐 De martes a sábado de 10 a 13:30 h y de 16 a 19 h (se modifica el horario vespertino en verano). Domingos de 11 a 13:30 (10 a 14 h. en verano).

**• Alfauir**
**Monasterio de San Jeroni de Cotalba**
✆ 962 835 438
(Ayuntamiento de Alfauir)
🕐 Todos los jueves de 10 a 13 h. Visita guiada.

*Circo de La Safor*

transformada en cine pero reconocible por su balconada y el escudo de los Mayans.

Es momento de dejar Oliva e iniciar una breve excursión tierra adentro entre los pueblos tranquilos, naranjeros, que alzan campanarios para ser vistos por sus vecinos: Rafelcofer, La Font d'En Carròs, Potries, Beniarjó, se van acercando hacia la **Sierra de La Safor**, que da nombre a la entera comarca y respaldo pétreo a **Villalonga**, extendi-

da mansamente a sus pies. Allí merece la pena detenerse a beber de su fuente de 16 caños, no por ser hermosa sino saludable, subir a su empinado calvario erizado de cipreses y contemplar el panorama. Se puede continuar hacia

Alfauir y Rótova por el gusto de disfrutar del paisaje y ver de lejos el ruinoso castillo del Borró y el antiguo monasterio de San Jeroni de Cotalba, ambos Bienes de Interés Cultural e igualmente poco accesibles, el primero por lo escarpado

*Aspecto del río Serpis*

de su emplazamiento, el segundo, por ser una propiedad privada y tener limitadas sus visitas a unas horas a la semana. No obstante, es un placer para los románticos acercarse al monasterio, perfectamente señalizado en la carretera, y llegar hasta sus puertas a través de un paseo de plátanos –que se tornan dorados en otoño– al que le sigue otro bordeado de pinos. A su costado crecen por sorpresa pitas, afloran pequeñas rocas y se dibuja, a la hora del crepúsculo, un universo de silencio melancólico y mediterráneo.

*Rótova. Peña Roja.*

## Más información

### OFICINAS DE INFORMACIÓN TURÍSTICA

**Tourist Info Gandia**
Marqués del Campo, s/n
✆ 962 877 788
🕐 De lunes a viernes, de 9 a 13:30 y de 16 a 19:30 h; sábados solo mañana.

**Tourist Info Gandia-Playa.**
P. Marítimo Neptuno, 45
✆ 962 842 407
🕐 De lunes a viernes, de 9:30 a 14 h y de 16 a 19:30 h; sábados y domingos, de 9:30 a 13:30 h.

**Tourist Info Miramar**
Avda. de la Mediterránea, s/n ✆ 962 802 165
🕐 De martes a sábados de 10 a 14 y de 17 a 20 h; domingos de 10 a 14 h.

**Tourist Info Tavernes Valldigna**
Av. de Marina, s/n
✆ 962 885 264
🕐 Lunes a viernes de 10 a 14 y de 16 a 19 h; sábados de 10 a 14 h.

**Tourist Info Oliva**
Passeig Lluis Vives, s/n
✆ 962 855 528
🕐 De lunes a viernes, de 9 a 14 y de 16:30 a 18:30 h; sábados de 10 a 13:30 h.

**Tourist Info Xeraco**
Avda. Migjorn, s/n
✆ 962 888 261
🕐 Sólo en Semana Santa y Pascua y verano. Del 15 de junio al 15 de septiembre, de lunes a domingo, de 11 a 13:30 y de 18 a 21 h.

## Alojamientos

• *Gandia*
**H*** Borgia**
República Argentina, 5
✆ 962 878 109

**H*** Hotel Safari**
C/ Legazpi, 3 ✆ 962 840 400

**Camping L'Alquería**
✆ 962 841 063
www.lalqueria.com

• *Oliva*
**H*** Apartotel Oliva Nova Golf**
Urb. Oliva Nova, s/n
✆ 962 857 600
www.olivanovahotel.com

**Camping Bon Dia**
Ctra. N-332 a 6 km de Oliva dirección Alicante
✆ 962 857 500

## Restaurantes

• *Gandia*
**L'Ullal**
C/ Benicanena, 12
✆ 962 877 382

**Kayuko**
C/ Asturias, 5. Playa de Gandia
✆ 962 840 137

**Venta de Toni**
Ctra. Gandia-Ollería, salida 35
✆ 962 835 158
ventatoni@menjariviurg.com

• *Oliva*
**El Olivo**
Urb. Oliva Nova Golf, s/n
✆ 962 857 929

**Mistral**
Partida de L'Elca, s/n
✆ 962 855 349

## RUTA PROVINCIAL 4. LA VALL D'ALBAIDA

Abrigada por las sierras que forman a su alrededor una corona, se extiende una depresión de tierra clara a la que los musulmanes llamaron Al-Bayda –la blanca–. Si se entra desde Gandia por la CV-60 que penetra en el valle, pronto encontraremos el desvío a Llutxent, con la basílica del Corpus Christi (MN) de estilo gótico mediterráneo incrustada en el monasterio del mismo nombre, además del palacio-castillo (siglos XIII y XIV) de los barones de Llutxent en el centro de la población y las ruinas del islámico castillo del Xiu en la carretera que se dirige a Pinet. En la parte baja del valle, entre frutales y viñedos, sobresalen los campanarios de numerosos pueblos en torno al embalse de Bellús. En sus alrededores, casi tocándose las manos, **Benigánim**, con sus iglesias de San Miquel y de la Sang, renacentista y gótica respectivamente, la torre feudal de **Bellús**, y el palacio del siglo XVI de **Benissuera**, son exponente y preludio de la riqueza del patrimonio histórico artístico del valle.

A lo lejos, la torre campanario de **Albaida** surge sobre un elevado cerro. Tras su conquista por Jaime I en 1244, fue repoblada por colonos de la Corona de

### ARTESANÍA

La producción de **velas** en Albaida tiene una arraigada tradición. Ya en el siglo XVI predominaban los sectores manufactureros de jabonería y cerería. A partir del siglo XVII, esta última se afianzó y desde mitad del siglo XIX se convirtió en el segundo centro productor del estado. Tras la II Guerra Mundial la industria cerera quedó relegada al desplazarse las inversiones de la burguesía hacia la industria textil. En la actualidad es una actividad artesanal.

Aragón y, aunque perduran restos de las murallas de un castillo árabe empotrados en algunas casas próximas al ayuntamiento, el ambiente general evoca las ciudades de corte cristiano. Una impresión más apreciable, si cabe, en el centro urbano, donde se halla el antiguo barrio medieval rodeado por los barrancos de los ríos Bouet y Albaida. Su corazón caballeresco y señorial es la plaza de la Vila, en cuyo entorno se concentran los monumentos más destacados. Dominando la plaza, el castillo palacio de los Milá de Aragón o de los Condes de Albaida, construido en-

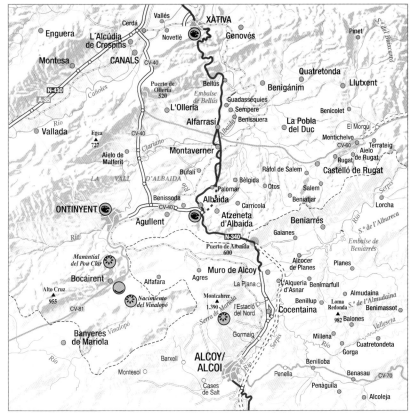

## DOS INTERESANTES MUSEOS

**José Segrelles Albert** (1885-1969) fue uno de los más inspirados ilustradores españoles, reconocido internacionalmente y comparado con maestros de la talla de Doré. En su *Casa-Museo* se exponen, entre otras, las ilustraciones realizadas para *Don Quijote de la Mancha, Las Mil y Una Noches* y *El Cantar de los Cantares*. Por otra parte, el **Museo Internacional de Marionetas de Albaida,** único en su género, documenta la evolución histórica del arte de la marioneta en su desarrollo nacional, local y en los distintos continentes. Se completa con un taller didáctico y un centro de documentación.

tre 1471 y 1477, sorprende por sus dimensiones. Iniciado por un cardenal Borja, tres macizas torres en batería realzan una fachada en la que, pese a las sucesivas reformas, se conserva la Porta de la Vila (1460), principal acceso al recinto medieval. En una parte rehabilitada, a la que se accede girando a la derecha una vez atravesada la Puerta de la Vila, está la sede del Museo Internacional de Marionetas de Albaida, inaugurado en el año 1997 como complemento al Festival de Marionetas de la Vall d´Albaida que se celebra en el mes de diciembre.

La iglesia arciprestal de Santa María y Nuestra Señora del Remedio se incrusta en el recinto medieval. Tras la desaparición del primitivo templo del siglo XIII, se demolió parte del palacio de los Milá de Aragón para dar cabida a este espectacular edificio. Obra del renacimiento herreriano, ejecutada por canteros vascos entre 1592 y 1621 y restaurada en 1830, se presenta con dos portadas renacentistas, ya en transición hacia el barroco, y un alto y vistoso campanario que sirvió como torre de vigilancia hasta mitad del siglo XIX. En el interior, de una sola nave con capillas

*Vista de Llutxent*

laterales, son interesantes una Virgen de Agosto (1664) y una pila bautismal de mármol (siglo XVIII), las esculturas neobarrocas de Gallarza, y las pinturas de José Segrelles en el retablo del altar mayor y entre los arcos de las capillas. La Sacristía guarda el relicario de la Vera Cruz, única pieza valenciana de platería gótica del siglo XV conservada. A la soleada plaza del pintor Segrelles recaen una de las portadas renacentistas y la neoclásica Capilla de la Comunión (1895), con pinturas de este sobresaliente pintor albaidí, cuyas obras pueden conocerse en la cercana Casa-Museo José Segrelles.

A cinco kilómetros de Albaida, en dirección al extremo occidental de la comarca, se encuentra **Ontinyent**. Este municipio asentado a los pies de la Serra Grossa, murallón que cierra la comarca por el oeste, es centinela y obstáculo para los peligros que pudieran venir de la montaña. Ciudad fronteriza en el medioevo, en nuestros días recibe al visitante con mono de trabajo, ofreciendo la imagen de moderna localidad industrial similar a tantas otras.

Sin embargo, adentrarse en su núcleo urbano equivale a quitar las duras capas de una alcachofa para dejar al descubierto su sabroso y tierno corazón. Así, cruzado el río Clariano que parte la ciudad en dos, el cerco de modernas industrias se diluye ante la belleza del casco antiguo, cuyo Barrio de la Vila fue declarado conjunto histórico artístico nacional en 1974. Situado en la cota más elevada, este barrio de origen islámico se conformó durante los siglos XI y XII. Tras la conquista de la villa por Jaime I, la población morisca fue desplazada y sustituida por los nuevos colonos, adquirien-

*Iglesia de San Miguel en Benigánim*

do un marcado carácter cristiano que ha perdurado y se ha intensificado con los siglos. Caracterizando el barrio antiguo y delimitándolo en parte, se encuentra la iglesia y su espectacular y barroca torre *campanario* que, con una altura superior a los 65 metros, es el más elevado de la Comunidad Valenciana y sirve de guía a nuestros pasos.

Ascendemos desde la Plaza Mayor por la Subida de la Bola y cruzamos la Puerta del Ángel, compuesta por tres arcos de medio punto y adosada a una torre remodelada del siglo XVIII. La iglesia arciprestal de Santa María (MN) ocupa el solar de la antigua mezquita. Edificada entre los siglos XIV y XV y ampliada a finales del siglo XVI, tiene la portada principal renacentista. El interior es de nave única con contrafuertes de estilo gótico languedociano, a la que se añadieron las capillas laterales en 1582. El retablo del altar mayor es obra de José Segrelles, tras perderse el original renacentista en la contienda civil. Otras joyas son las tallas de Mariano Benlliure La soledad de la Virgen y Cristo yaciente, algunas obras de Francisco Ribalta, así como una pila bautismal de mármol traído de Italia en 1690. Es sobresaliente la barroca capilla de la Purísima (1663-1692), de planta rectangular, con pilastras y capiteles corintios y pinturas esgrafiadas, todo ello rematado por una cúpula vidriada.

Las estrechas calles del barrio de la Vila, con sus peculiares casas pintadas de rosa, amarillo y azul, contagian de su espíritu alegre y desenfadado el ánimo del visitante. La calle Trinidad, en el límite del barrio antiguo, forma con las adyacentes un atractivo conjunto en el que descuellan la Casa de la Cultura o el Taller de Carpintería Barberá. Siguiendo el perímetro del barrio medieval hacia la calle de Sant Pere, llegamos a la plaza de San Roque, con dos edificios interesantes. En el número 10, la Casa de Palá (siglo XVII) conserva sobre el portal el escudo de los Borja, testimoniando la presencia e influencia que ejerció esa familia en toda la provincia. El otro es el palacio de la

*Vista del embalse de Bellús*

Duquesa de Almodóvar, en proceso de rehabilitación, que debió formar parte del complejo defensivo islámico, ya que está ubicado en línea con las antiguas murallas, frente al río Clariano. Entre sus ocupantes ilustres se cuentan Jaime I, Jaime II y la reina Margarita de Austria, esposa de Felipe V. La construcción actual es de los siglos XV, XVI y XVII, con planta propia de un palacio fortificado y guarnecido con cuatro torreones de los que quedan tres. Pese a su deteriorado estado, se aprecian los restos de una arquería gótica sobre el Portal de Sant Roc, una de las más antiguas puertas de entrada a la población, abierta por los cristianos en 1256.

Al otro lado del Portal está el convento de las Monjas Carmelitas, el más antiguo de la ciudad (1574), con la iglesia de 1752. Si no se ha accedido por el Pont de Santa María, podemos cruzarlo a fin de apreciar, desde la otra orilla, la belleza de los edificios que suplantan a la desaparecida muralla medieval. Tras este breve alejamiento volvemos atrás y, por la Placeta –que fue el zoco medieval–, nos dirigimos a la calle Regall, donde el edificio de los Juzgados Comarcales (siglo XVII) acoge el Museo Arqueológico de Ontinyent y la Vall d´Albaida y se obtiene la vista más espectacular del campanario. Unos metros más adelante, ya en el área urbanizada durante el siglo XVIII, la calle desemboca en la Plaza Mayor y el Ayuntamiento, edificio neoclásico de planta baja y dos alturas que fue construido durante el reinado de

*Barrio medieval de Ontinyent*

Carlos III, en cuyo interior destaca el die-ciochesco salón de sesiones. En la vecina calle Magdalena, la Comisaría de Policía ocupa el palacio del Conde de Torrefiel, edificación del siglo XVIII, con balcones de hierro forjado, un arco de piedra en el zaguán y una escalera de piedra tallada que conduce a la planta principal, donde se conserva una portalada gótica con es-cudo nobiliario.

No lejos del ayuntamiento, subiendo las escaleras de la calle Arquebisbe Segrià que cruza con la calle Maians, encontramos la iglesia de San Miguel. Recomendamos este itinerario porque la localización de este templo puede resultar ardua al quedar prácticamente oculto por las casas. Su ori-gen fue una pequeña ermita que celebraba la aparición del arcángel San Miguel en 1372. Ejecutada entre 1748 y 1798, es de cruz latina y decoración barroca valencia-na. La calle Maians y sus adyacentes mere-cen un paseo relajado entre las casas seño-riales: en el número 24, la Casa de Lluis Maians, Ministro de Gracia y Justicia y Presidente del Congreso de los Diputados durante el reinado de Isabel II. En el núme-

*Manantial del Pou Clar*

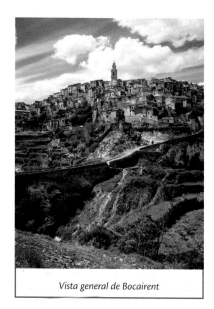

*Vista general de Bocairent*

ro 26, la casa de los Barones de Santa Bárbara (siglo XVIII) con escudo nobiliario; en el 23 la casa del Conde de Nieuland y en el 24 la de los Marqueses de Montemira, ambas del siglo XVIII. A la calle Gomis, prolongación de la de Maians, recae la iglesia de San Carlos (siglo XVIII), con mezcla de diversos estilos: nave única barroca, una capilla neogótica y un altar neobizantino. Edificada por los jesuitas y dedicada a San Ignacio, tras la expulsión de estos por orden de Carlos III, se le cambió el nombre por el de San Carlos Borromeo en honor al rey. Al final de esta calle están la plaza de Sant Francesc y la iglesia del mismo nombre (siglo XVII).

Concluida la visita, nos dirigirnos a Bocairent, a unos nueve kilómetros sierra arriba por la CV-81. Antes de que la carretera comience a subir, podemos disfrutar del paraje natural conocido como el **manantial del Pou Clar**, origen del río Clariano, accesible desde la carretera ba-

jando unas escaleras ubicadas junto a un pequeño aparcamiento. La erosión del agua sobre la roca ha creado una serie de pozos o balsas que, en línea descendente, ofrecen la posibilidad de disfrutar del baño entre rocas salpicadas de tomillo, romero, aulagas y pinos, además de contar con los servicios de un merendero. Tras este alto, la carretera serpentea por entre los riscos y barrancos de la Sierra de Agullent y parece simbolizar el tránsito, lleno de asperezas, de la cultura islámica a la cristiana durante el medioevo. Si Ontinyent puede muy bien representar a esta última, **Bocairent** conserva y evoca la islámica, entrañable en estas tierras. Situada a 660 metros de altitud, mirando hacia la Sierra de Mariola que ocupa la mayor parte de su término municipal, desde la carretera impacta la visión de sus casas apiñadas en un altozano que culmina con la erguida silueta de un campanario. Los musulmanes la llamaron Bekiren por su aspecto de colmena.

El lugar idóneo para comenzar la visita es la plaza del Ayuntamiento, a la que se entra en coche a través de un espectacular arco de medio punto, antaño utilizado como acueducto para llevar el agua a las casas. En esta plaza, presidida por una encantadora fuente y rodeada de edificios de sorprendente altura, se encuentra la Oficina de Información Turística, en la que conviene verificar los horarios de apertura de los lugares de interés. Existe un itinerario llamado La Ruta Mágica que, partiendo del ayuntamiento, recorre el perímetro del barrio medieval y resulta un paseo placentero y estimulante. Antes o después se puede penetrar en el corazón del islámico Barrio de la Vila, monumento histórico artístico nacional desde 1975. Este espacio urbano se configuró entre los siglos

VIII al X a raíz de la edificación de muchas de sus casas y calles en la propia roca de la colina. Entre callejas zigzagueantes y empinadas salpicadas de plazuelas, pasajes y escaleras, se perfila un pasado islámico de honda raigambre, presente tanto en la topografía urbana como en las costumbres y tradiciones.

A la entrada de este barrio y en el solar del antiguo castillo de Bekiren, alza sus muros la iglesia de la Asunción, consagrada en 1516. Abarca desde el estilo gótico de su fábrica original, hasta el siglo XIX, con notable presencia del barroco. La pila bautismal del siglo XV, que fue una fuente pública, se atribuye a Pere Compte y Pere Balaguer, constructores de la Lonja y el Micalet de Valencia. La capilla de San Blas (1722) debe su factura y decoración a los

## LA INDUSTRIA TEXTIL

La actividad textil es antiquísima en esta comarca. En **Bocairent** se fabricó velamen para la flota islámica durante los siglos X y XI y ya en el XIII era célebre por la finura y perfección de sus telas de lino, que en la Baja Edad Media sustituyó por pañería lanera. En el siglo XVIII exportaba a Hispanoamérica, y a principios del siglo XX era el séptimo centro textil del estado, justo detrás de Barcelona. El gremio textil de **Ontinyent** se constituyó en el siglo XVII, agrupando a sus 1.500 trabajadores. Redactó las reglas del oficio, perfeccionó la técnica y Carlos IV autorizó que colocaran su escudo de armas en el edificio gremial (1804). Sufrió una prolongada crisis en el siglo XIX, de la que se recuperó a principios del siglo XX, revitalizándose la industria y alcanzando la importancia que tiene en la actualidad.

*Templo de la Asunción. Bocairent.*

## UNA PLAZA DE PIEDRA

La **Plaza de Toros** de Bocairent reúne dos características singulares: ser la más antigua de la Comunidad Valenciana (1843) y estar casi enteramente tallada en la roca. La peculiaridad del terreno hace posible que se pueda acceder a pie llano tanto a la arena como a algunas zonas del graderío, con capacidad para 4.000 localidades. Acoge actividades culturales y festivas además de la propia de coso taurino.

nacentista. Un poco más adelante, cerca de la plaza de Sant Joan, está la ermita del siglo XVIII dedicada a este santo sobre el solar de una mezquita. Por la calle de la Cantererería y el pasaje de la Calça contemplamos, sobre una pelada loma al norte del pueblo, la ermita del Calvario y los casilicios con las estaciones del Vía Crucis, auténtico sacrificio para quienes lo recorran. Otras ermitas, como la de la Mare de Déu d´Agost y la de la Mare de Déu dels Desamparats surgen cristianas entre los *atzucats* –callejones sin salida–, los intrincados vericuetos, muretes y escaleras de la topografía urbana medieval que certifican la persistencia de lo islámico a través de los siglos. No menos interesante que esta mezcla de vestigios cristianos e islámicos es observar la coexistencia pacífica de perros y gatos, adormecidos entre las piedras bajo el mismo sol.

En diversos puntos del casco histórico está señalizada la ruta de les Covetes, de modo que puede emprenderse en cuanto el ánimo esté dispuesto. Siguiendo ese itinerario se llega a la Cava de Sant Blai, un

hermanos Ignacio y José Vergara. En el altar mayor, destacan los retablos pintados por Joan de Joanes y sus hijas Margarita y Dorotea. El Museo Parroquial, en el interior del templo, exhibe numerosas joyas de arte sacro, como el cáliz renacentista del celebérrimo orfebre italiano Benvenuto Cellini, un cristo yacente de Mariano Benlliure, o el estandarte de San Blas pintado por Sorolla. Adosado a la iglesia, el Museo Arqueológico Municipal destaca por la exposición de los hallazgos de la Cueva de la Sarsa –uno de los yacimientos neolíticos más importantes del Mediterráneo occidental– y por la réplica del *Lleó ibèric* de Bocairent (siglo V a. C.), cuyo original está en el Museo de Bellas Artes San Pío V de Valencia.

Un dédalo de callejuelas de trazado tortuoso conduce a la plaza de Sant Vicent, a la que se abre la singular y refinada ventana de la esquina de influencia re-

*Les Covetes dels Moros*

## Monumentos y museos

### MONUMENTOS NACIONALES (MN)

Basílica del Corpus Christi de Llutxent; Barrio de la Vila (Ontinyent); Barrio de la Vila (Bocairent); Covetes dels Moros (Bocairent).

### MONUMENTOS

#### • Albaida
**Museu Internacional de Titelles** (marionetas)
Palau dels Marquesos d´Albaida. Pl. Mayor, 7
✆ 962 390 186
☾ Lunes a viernes de 9 a 14 y de 16 a 19 h; sábados de 11 a 14 y de 17 a 20 h; domingos y festivos de 11 a 14 h; en agosto cerrado por las tardes de lunes a viernes.

**Casa Museu Segrelles**
Pl. Pintor Segrelles, 13
✆ 962 390 188
☾ Martes a sábado de 10 a 13 y de 16 a 18 h; domingos y festivos de 10 a 13 h. Del 16 de junio al 15 de septiembre: martes a sábado de 11 a 13 y de 17 a 20 h. Colectivos y colegios: anunciar visita.

#### • Ontinyent
**Museo de Ciencias Naturales, Cerámica y Antigüedades**
Avda. San Francisco, 5
✆ 962 380 100
☾ Lunes a viernes de 10 a 13 y de 15:30 a 18:30 h. Para los grupos es obligatorio concertar cita.

**Museu Arqueològic d´Ontinyent i de la Vall d´Albaida**
Regall, 2 ✆ 679 183 851
☾ Todos los días de la semana, excepto martes, de 11 a 13:30 y de 18 a 20:30 h.

**Museo Festero**
Pl. de Baix, 26
✆ y fax: 962 380 252
☾ Jueves y viernes de 18 a 20 h. Sábado y domingo de 11 a 13 h.

#### • Bocairent
**Museo Parroquial**
C/ Abadía, 38
✆ 962 905 062 ☾ Domingos y festivos 12:30 h. Grupos: concertar visita.

**Museo Arqueológico Municipal Vicent Casanova**
Abadía, s/n
✆ 962 905 062 ☾ Sábados y domingos de 12 a 13 h.

**Museo Festero**
Pl. Juan de Juanes
✆ 962 905 062
☾ Domingo de 12 a 14 h.

**Plaza de Toros**
C/ Bisbe Mahiques
☾ Sábado y domingo de 12 a 14 h.

**Cava Sant Blai**
☾ Sábado y domingo: 12 a 14 y de 16 a 18 h (en verano de 16:30 a 18:30 h).

**Covetes dels Moros**
☾ Martes a viernes de 11 a 14 h. Sábado y domingo de 11 a 14 y de 16 a 18 h (en verano de 16,30 a 19 h).

*Covetes dels Moros. Detalle.*

pozo del siglo XVI, de 77 metros de diámetro y 13 de altura, utilizado como depósito de nieve. Es un ejemplo representativo del comercio de la nieve que tenía lugar en estas tierras y el único situado en el interior de un núcleo urbano. Funcionó como almacén de nieve y aljibe hasta la implantación de la energía eléctrica.

**Les Covetes dels Moros (MN)** constituyen un enigmático patrimonio que propone un triple reto: físico, por ser preciso estar en buena forma para recorrerlas; psicológico, por sus espacios estrechos, e intelectual, para especular cuál pudo ser su función y por qué se construyeron. Hay que alejarse unos quinientos metros de la población, cruzar el río Clariano, el Barranc del Infern y ascender una colina.

En una espectacular pared de corte vertical, se abren como ventanas 53 oquedades excavadas en la roca viva por la mano del hombre. Las cavidades, a diferentes alturas e intercomunicadas, son en general de planta rectangular y diferentes tamaños y profundidad, obligando al visitante a adoptar posturas incómodas que pueden agobiar a quienes no estén acostumbrados a los espacios angostos. Datadas entre los siglos X y XI, los expertos no se han puesto de acuerdo sobre su utilidad. Algunos sugieren que eran graneros para almacenar alimentos en invierno, quedando al cuidado de una minoría de agricultores mientras los pastores bereberes con sus ganados se desplazaban a los marjales del litoral.

## MOROS Y CRISTIANOS

Del 2 al 5 de febrero las calles de Bocairent se ven asaltadas por *contrabandistes, suavos, estudiants, espanyoletos* y *granaders,* que bajo estandartes cristianos se enfrentan festivamente a los *moros vells, marrocs, moros marins* y *mosqueters* del bando contrario. Son las fiestas de Moros y Cristianos en honor de Sant Blai, cuya antigüedad, belleza y pintoresquismo les valió la declaración de Fiestas de Interés Turístico Nacional y en las que los coloristas desfiles se rigen por el buen humor y la concordia, aunque resuenen en las calles los disparos de arcabucería.

### Escapada a la Sierra de Mariola

Antes de hacer una escapada a la Sierra de Mariola, declarada **Parque Natural**, se impone reponer fuerzas consumiendo un buen plato de *putxero amb pilota,* o regalarse con *botifarres, llonganises* u otro de los embutidos caseros que abundan en la comarca, y entre los que destacan, con justa fama, los de Ontinyent y Bocairent. Se puede concluir con una copa de *herbero,* una digestiva bebida autóctona de Bocairent, elaborada con anís y hierbas de la Sierra de Mariola, cuyas cumbres y lomas miran hacia las provincias de Valencia y Alicante. Más de la mitad del territorio protegido pertenece al término municipal de Bocairent, en el que nacen los ríos Vinalopó y Clariano, fluyendo por vertientes opuestas. La abundancia de agua, los refugios naturales, los recursos de caza y pesca, fueron apreciados desde tiempos remotos, como evidencia la gran cantidad de asentamientos humanos que se han sucedido desde la prehistoria, y a los que se suma la fertilidad del suelo, apto para el cultivo de cereales, olivos y frutales. Otra de las características más valoradas es la profusión y variedad de hierbas medicinales y aromáticas.

*Sierra de Mariola*

### Alojamientos

• *Ontinyent*
**H\*\*\*\* Kazar**
C/ Dos de mayo, 117
✆ 962 382 443

**HR\*\*\* Pou Clar**
C/ Mayans, 67
✆ 962 381 200

• *Bocairent*
**H\*\* L'Àgora**
C/ Sor Piedad de la Cruz, 3
✆ 962 355 039
www.lagorahotel.com
info@lagorahotel.com

**H\*\* L'Estació**
Parc l'Estació, s/n
✆ 962 905 211

**Camping Mariola**
Ctra. Bocairent-Alcoi, km 9
✆ 962 135 160
www.campingmariola.com

### Restaurantes

• *Albaida*
**El Comodoro**
Pl. Mayor, 1
✆ 962 901 656

• *Ontinyent*
**El Tinell de Calabuig**
C/ Gomis, 23
✆ 962 915 048

• *Bocairent*
**Riberet**
Av. Sant Blai, 16
✆ 962 905 323

### Más información

**OFICINAS DE INFORMACIÓN TURÍSTICA**

**Tourist Info Bocairent**
Pl. del Ayuntamiento, 2
✆ 962 905 062 🕓 De martes a domingo, de 10 a 14 h.

**Tourist Info Ontinyent**
Pl. Santo Domingo, 13
✆ 962 916 090
🕓 Invierno, de martes a sábado de 10 a 14 y de 16 a 19:30 h. verano, de martes a sábado de 9 a 14 h; de lunes a viernes de 17 a 19:30 h.

El turismo verde ha encontrado en ella un espacio idóneo para las excursiones a pie, a caballo y bicicleta, con senderos señalizados y parajes de singular belleza: el nacimiento del Vinalopó, la cima del Montcabrer (1.390 metros), la Font de Mariola o la Cueva de la Sarsa.

# RUTA PROVINCIAL 5. XÀTIVA Y LA COMARCA DE LA COSTERA

**Xàtiva,** capital de la comarca de La Costera, se extiende a los pies de la sierra de Vernisa dominando el paso natural que comunica la meseta sur con el Mediterráneo. Ha conocido tal variedad de culturas y participado en tantos acontecimientos, que es pieza fundamental para la cabal comprensión de estas tierras. Habitado su entorno desde hace 30.000 años, íberos y cartagineses, romanos, visigodos, árabes y cristianos, dejaron su impronta en esta ciudad llamada Sait, Saetabis Augusta, Medina Xateva, Xàtiva, Colonia Nueva de San Felipe y, de nuevo, Xàtiva.

Tanto si accedemos por la plaza de España como por la rotonda de la avenida del País Valenciano, llegaremos a la Bajada del Carmen. Al final de esa calle está el Ayuntamiento, en la Albereda Jaume I, un largo paseo que marca el límite exterior del casco antiguo en torno a una hilera de plátanos centenarios y jalonado por refrescantes jardines. En el número 50 de esta bulliciosa alameda está el Centro de Información Turística, así como el edificio modernista más interesante, la Casa Botella (1906). Iniciamos el recorrido por el casco antiguo, monumento histórico artístico desde 1982, a través de la Porta de San Francesc, que conduce a la iglesia y a la barroca fuente del mismo nombre. La iglesia del convento de San Francisco (MN) ha sido recientemente restaurada y abierta al público. La iglesia primitiva se concluyó en 1294 pero, al estar fuera de las murallas, Pedro III el Grande ordenó derribarla previniendo su utilización como baluarte contra la ciudad. Reconstruida en el siglo XIV dentro de las murallas y reformada en el siglo XV, presenta el estilo sencillo y sobrio característico de los franciscanos. De nave única, sobresalen su elevada bóveda gótica y siete capillas laterales de crucería. Albergó los sepulcros de los abuelos de Alejandro VI, de las hermanas del también Papa Calixto III y del último maestre de la Orden de Montesa.

Su fachada principal recae a la calle Montcada, jalonada de casas-palacio de la nobleza y burguesía setabense. En esta recta y adoquinada calle reina un aire alegre y elegante por lo concurrido de la zona y la alternancia de edificios góticos, renacentistas, neoclásicos y modernistas. Recorrerla da una idea de lo que Xàtiva llegó a ser ya que, desde su conquista por Jaime I (1244) hasta los lamentables sucesos de 1707, fue la segunda ciudad en población e importancia política del Reino de Valencia. Así, se pueden contemplar edificaciones como la casa de los Diego (siglo XIX) perfectamente conservada; el palacio de los Mahíques-Sanç, de inicios del siglo XVII y actual Casa de la Cultura; o el palacio del Marqués de Montortal (siglo XV), excelente ejemplo de palacio urbano medieval con portada de piedra. Algo más adelante encontramos el Real Monasterio de Santa Clara, fundado en 1325, reedificado en 1365 y reformado en el siglo XVII. La clausura impide que puedan visitarse sus interesantes obras artísticas. La calle desemboca en la plaza de la Trinidad, en la que destacan una fuente gótica del siglo XV del mismo nombre, la iglesia del antiguo convento de la Trinidad, fundado en el siglo XIII, del que sólo perdura la espléndida portada gótica flamígera que da acceso al Archivo Municipal, y el palacio de Alarcón (MN), edificado en el siglo XVIII. Sede de los Juzgados municipales, de su noble fachada de sillería destaca la logia superior, una recia puerta adovelada y un gran balcón corrido de forja decorado con azulejos. El palacio quiso constituirse en un privilegiado mirador de la calle Montcada, de ahí la desviación de los ventanales respecto a su eje central.

Por la calle del Ángel se alcanza la plaza Alejandro VI, llamada así por subsistir en ella la casa natalicia de este papa, que

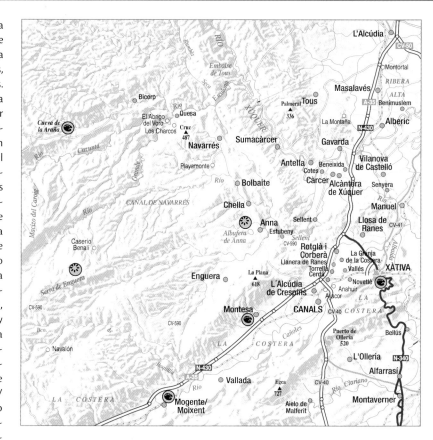

## APUNTES HISTÓRICOS DE XÀTIVA

La Sait ibérica acuñó moneda propia antes de ser conquistada por el cartaginés Aníbal y luego por Escipión. Se romanizó con el nombre de Saetabis Augusta, de donde proviene el gentilicio setabense. En época visigoda tuvo sede episcopal, aunque fue en la etapa musulmana cuando Medina Xateva consolidó su importancia. Creó la primera fábrica de papel de Europa, convirtiéndose en potente foco cultural que atrajo a eruditos y filósofos. El poeta Ibn Hazm (siglo XI) escribió en ella su inmortal obra *El Collar de la Paloma*. Esta prosperidad quedó truncada al conquistarla Jaime I (1244) aunque su importancia política fue creciente, alcanzando el título de ciudad con Pere IV por su fidelidad en la Guerra de la Unión (1347). Su apogeo en época cristiana se produjo entre los siglos XV y XVI.

1. *Vista general de Xàtiva*
2. *Xàtiva. Colegiata basílica de Santa María.*

conserva algunos elementos originales. Calle adelante está la plaza y la iglesia de Sant Pere (siglo XIV), recién restaurada, con artesonado gótico mudéjar decorado con un centenar de escudos. En ella fue bautizado Rodrigo de Borja, futuro Alejandro VI. En la misma plaza está el ex-convento de Sant Onofre el Nou (siglo XVIII) y, al final de la calle, en el Portal de Cocentaina que daba entrada a la ciudad medieval, la Fuente Real de los Veinticinco Caños, monumental abrevadero neoclásico (1788-1804). Las calles Segurana, Bruns y Sant Vicent conducen a la sobria y señorial plaza de Calixto III, en la que se enfrentan, compitiendo en belleza, dos de los edificios más impresionantes de Xàtiva. El Hospital Real (MN), situado en el lado occidental de la plaza, maravilla por su preciosa fachada de sillería. Fundado por Jaime I y reconstruido en el siglo XVI, en este fastuoso conjunto coexisten los grandes ventanales jalonados de columnas de la planta noble, con la galería de arquillos que recorre el ático bajo un gran alero de vigas talladas. Una esbelta portada de estilo gótico tardío comparte protagonismo con otra, de estilo plateresco, concebida como un arco triunfal. En el otro extremo se levanta, majestuosa y monumental, la Colegiata Basílica de Santa María (MN), conocida como La Seo. El rango de colegiata le fue concedido, en 1413, por el Papa Benedicto XIII (el Papa Luna) en compensación por la pérdida de la basílica episcopal visigoda tras la invasión árabe, en tanto la distinción de basílica menor le fue otorgada por Pablo VI en 1973.

Los setabenses utilizan la expresión «l´obra de la Seu» para referirse a lo que se prolonga mucho en el tiempo, y es que el edificio comenzó a construirse en 1596 y se terminó en 1920. La fachada principal, con la torre campanario de 60 metros de altura, fue acabada en estilo neorománico, y ante ella se ubican, desde 1960, sendas estatuas en bronce de los papas Calixto III y Alejandro VI, obra de Octavio Vicent. De los otros tres accesos, uno de ellos de 1600, destaca la Porta dels Escalons. El interior, de tres altas naves con crucero, girola y cúpula de 46 metros, es de estilo renacentista, severo y de escueta decoración, que transmite una sensación de equilibrio y paz. La nave central está cubierta con bóveda de medio cañón y las capillas laterales, intercomunicadas, con bóvedas vaídas. Descuellan los excepcio-

Hospital Real de Xàtiva

nales Altar Mayor y Altar del Nazareno, así como una Asunción de Mariano Benlliure. Es recomendable la visita al Museo, por el valor y calidad de sus fondos con maestros de la talla de Pere y Joan Reixach, Jacomart o Valentín Montoliú; el retablo de Santa Ana; la Cruz Mayor (siglo XIV); un cáliz de Calixto III, y la rica y espectacular Custodia Mayor del Corpus, conocida como Custodia de Alejandro VI.

De la plaza de Calixto III parten diversas calles. Por la de Santo Domingo se llega al antiguo convento de Sant Doménech (MN), del siglo XIV, en proceso de restauración. Parte del convento fue demolido, pero quedan restos de la iglesia, algunas cubiertas con cúpulas y otras con bóvedas de nervaduras góticas, visibles desde el exterior. Otra de las calles, la llamada Corretgería, conduce a la porticada plaza del Mercado y al Museu de l'Almodí (MN), con una fachada gótica, construido entre 1545 y 1548 por Juan Ribera y Martí Xixalbo. El interior, renacentista, seduce con un precioso claustro de ocho arcos de medio punto sustentados por elegantes columnas jónicas, considerado con justicia uno de los más bellos e importantes

de la Comunidad Valenciana. El Museo, de visita imprescindible, exhibe una interesante sección de arqueología y otra de Bellas Artes con un importante depósito del Museo del Prado que incluye firmas de Rubens, Rembrandt, Brueghel, Murillo y Velázquez y un retrato de Felipe V curiosamente colgado.

De camino al castillo, al que puede ascenderse con vehículo o gozar del hermoso paisaje recorriéndolo a pie, conviene hacer dos altos. El primero es la iglesia de Sant Feliu (MN), a la derecha de la carretera, edificada sobre el solar de una basílica visigoda, en el centro de lo que fue la Saetabis Augusta romana. Construida hacia el 1269, es una de las más antiguas de la Comunidad Valenciana. Su atrio se sustenta en seis columnas de mármol rosa procedentes de edificios romanos. De nave única con cuatro arcos sobre contrafuertes, se entra por una puerta adovelada tras la que hay, a la izquierda, una pila de agua bendita del siglo XIII. Al otro lado de la carretera, la ermita de Sant Josep (siglo XVII) se adosa a la muralla y a una de las puertas árabes de la ciudad, hoy tapiada. Según la tradición, por ella entró Jaime I tras la

*Xàtiva. Restos arqueológicos junto al castillo.*

conquista el 7 de junio de 1244. Xàtiva se convirtió entonces en la segunda ciudad del Reino, ejerciendo control sobre más de quinientos lugares habitados. Junto a la ermita hay un mirador con vistas a la ciudad.

El castillo de Xàtiva (MN) corona el monte Vernisa y domina un amplio panorama: al norte, la ciudad y la huerta de Xàtiva; al sur, las tierras de secano y las sierras Grossa, Mariola y Benicadell; y, al oeste, el límite con Castilla. Este monumental

complejo alberga dos castillos: el castillo Menor, de construcción ibera o cartaginesa, situado al oeste; y el castillo Mayor de fundación latina, orientado hacia el este. La visita es larga, por lo que conviene estar atentos al horario de clausura. A la entrada se entrega un plano con explicaciones de los restos conservados, en su mayor parte islámicos y góticos. El castillo se remonta en origen a los íberos y de su existencia en época romana dejó constan-

cia, en un poema, Silius Itálico. Fue escenario de las campañas de Aníbal y Escipión durante la segunda guerra púnica (218-201 a. C.) y de las operaciones del brillante Sertorio en la guerra civil entre Mario y Sila (siglo I a. C.) En la etapa musulmana fue una fortaleza muy codiciada y, salvo breves periodos de independencia, formó parte de las taifas de Denia, Valencia y Murcia. Fue ocupado por los almorávides (1092), por los almohades (1171) y conquistado por Jaime I en 1244.

Se accede por la Puerta Ferrisa que, junto a la adyacente torre del homenaje, es de moderna restauración y da paso a la plaza de Armas, jardín y distribuidor desde el que comienzan las opuestas ascensiones a uno y otro castillo. A la derecha, el castillo Mayor comienza con la Puerta del Socorro, que da la espalda a Xàtiva, y en la que se vivieron algunos de los episodios más sangrientos de las Germanías, pues allí mismo fue muerto por los agermanados el noble valenciano Guillem Crespí de Valldaura. El ascenso continúa y entre salvia, lavanda, rosas y romero, surgen tres cañones de 1690, aljibes árabes y romanos, así como ruinas de torres islámicas alternadas con cristianas. El Portal de Santa María conduce a la Capilla gótica de Santa María, fundada por la esposa de Alfonso V el Magnánimo. Reconstruida entre 1431 y 1434, alberga los restos mortales de varios célebres prisioneros, entre los que destaca el Conde de Urgell, aspirante al trono de la Corona de Aragón tras morir sin descendencia Martín el Humano. En el llamado Compromiso de Caspe (1410), resultó elegido rey su rival, Fernando de Antequera, una decisión contra la que se rebeló el de Urgell, que fue derrotado y vivió cautivo hasta su muerte aquí en 1433. Desde la capilla, dejando a la izquierda los restos de la

## DOS PAPAS VALENCIANOS

Solo dos papas dio la península ibérica y los dos fueron valencianos. **Alfonso de Borja** (Canals, 1378 – Roma, 1458) fue consejero de Alfonso el Magnánimo y su mediación fue fundamental para acabar con el llamado Cisma de Occidente. Como papa Calixto III (1455-1458) canonizó a San Vicente Ferrer y combatió a los turcos. Su sobrino **Rodrigo de Borja** (Xàtiva, 1432 – Roma, 1503) se doctoró en derecho en Bolonia y fue Vicecanciller de la iglesia romana con cuatro Papas y durante 35 años hasta que él mismo accedió al solio pontificio en 1492. Hombre del renacimiento, estadista experimentado y sagaz, influyó en la política europea durante casi medio siglo. Su brillante labor política se vio oscurecida por una injusta leyenda negra que hizo de los Borgia —italianización de su apellido— un paradigma del príncipe sin escrúpulos.

romana torre de Sant Jordi, que tenía más de 30 metros de altura, se llega a la Presó fosca o Mazmorra del Conde de Urgell, formada por dos húmedas y oscuras estancias, una utilizada como sala de tortura y la otra como celda. Se conservan algunos arcos góticos de las habitaciones del alcaide y de los guardias y, sobre la entrada, la Sala Nueva del Duque de Calabria, de la que solo perdura una ventana renacentista (siglo XVI).

Al castillo Menor se entra por la Puerta de Aníbal que, pese a su nombre, es del siglo XV y da acceso al solar de la Sait ibérica y de la Saetabis Augusta romana, tomada, sucesivamente, por Aníbal y por Escipión en la Segunda Guerra Púnica. Algo más adelante están la torre gótica y la segunda puerta del castillo menor, esta última

> 1. *El llamado* castillo Menor *de Xàtiva*
> 2. *Torre de los Borja en Canals*

construida en el siglo X en forma de codo por sus habitantes musulmanes y reparada en el siglo XV. Otro punto interesante es la Torre y el balcón de la reina Himilce. El balcón es moderno. Parece que Himilce, la esposa ibera de Aníbal, dio a luz en este castillo en el 218 a. C. En el lado opuesto al balcón hay impresionantes vistas de las dos vertientes de la montaña.

Abandonamos Xàtiva en dirección a **Canals**, tierra natal del papa Calixto III. En el barrio de la Torreta se conserva el único resto visible del que fuera el palacio familiar, la llamada Torre de los Borja, de estilo gótico tardío, aunque su origen se remon-

ta al siglo XIII. La iglesia de San Antonio Abad (siglo XVII) tiene dos torres gemelas que enmarcan, como robustos obeliscos, la gigantesca hoguera que se levanta ante la iglesia para celebrar en enero la fiesta de su patrón. Desde allí cruzamos al otro lado de la N-430 que recorre el valle de **Montesa** en el que surge, con rotunda personalidad, la mole rocosa sobre la que se alza el antiguo castillo y a cuyo amparo se distribuyen las casas sobre las faldas del cerro. Hubo construcciones romanas donde luego se levantaría un castillo, de esca-

sa relevancia en época islámica. Tras la caída de Xàtiva en poder de Jaime I, se convirtió en un importante enclave de resistencia musulmana hasta 1277, fecha en que fue conquistado por las tropas de Pere I de Aragón.

La encantadora plaza de la Vila, en la parte más alta, reúne tres edificios interesantes: la Casa de la Vila (Ayuntamiento), de comienzos del siglo XVII, con galería de arquillos en el ático y dos grandes arcos de medio punto en la planta baja; la Casa Abadía (siglo XVI) con fachada de piedra

*Viñedos en Moixent*

de elegante sencillez; y, por último, la iglesia de la Mare de Déu de l'Assumpció, fundada en 1289, aunque el edificio actual se construyó entre 1693 y 1702. De una sola nave con capillas laterales, sufrió transformaciones en la decoración barroca original, de la que solo queda la deliciosa cúpula de la capilla del transagrario. Se conservan valiosas obras pictóricas, una pica gótica del siglo XIV y un órgano barroco, el único que se ha mantenido íntegro en la provincia de Valencia. La torre (siglo XVI) perteneció al sistema defensivo de la villa y debió ser incorporada a la iglesia como campanario en el siglo XVII. Hay que situarse a sus pies para apreciar su altura. Enfrente, el Museo Parroquial ocupa un edificio del siglo XVI con portal adovelado. Del costado de la iglesia parte la calle que asciende hasta el castillo, al que se puede ir en coche.

El castillo-convento (MN) es espectacular y grandioso, pese a su estado ruino-

## EL CASTILLO DE LA ORDEN DE MONTESA

El **castillo-convento** de la Orden Militar de Montesa fue considerado, desde su fundación, el más fuerte del Reino de Valencia. Inexpugnable, con muros que en algunos puntos superaban los 30 metros de altura, fue derrotado inesperadamente por un terremoto en 1748. Su poderío se debe a Jaime II, quien en 1317 consiguió que el Papa autorizara la creación de la Orden de Montesa, bajo la regla del Císter, a fin de sustituir en el Reino de Valencia a la Orden del Temple, suprimida por el papado cinco años antes. El rey entregó a esta nueva Orden Militar el castillo y la villa que, por su situación estratégica como vía de acceso a Castilla, se convirtió en el puesto fronterizo más importante.

El guerrero de Moixent

Vista general de Bicorp

so. Aunque hubo un alcázar islámico, los restos conservados son del siglo XIV al XVI, cuando coexistían funciones conventuales y castrenses. Quedan trazas del claustro, la sala capitular, parte de la planta de la iglesia, aljibes y un patio de armas con capacidad para dos mil caballeros. La entrada se eleva a unos diez metros y se alcanza mediante una rampa escalonada que parece deslizarse sobre el cielo y monta en un arco ojival. El recorrido a los pies de la gran roca con la que se confunden los sillares evoca su pasado medieval y explica el respeto que suscitaba en sus rivales. Desde allí se divisa un panorama amplísimo que, junto a la inexpugnabilidad, fundamenta su elección como férreo vigilante del Reino.

La N-430 en dirección a Albacete nos lleva hasta **Vallada**, que guarda sus espaldas con un delicioso paraje junto a las ermitas de San Sebastián y del Santísimo Cristo del Monte Calvario. Retomando la

nacional, encontramos **Moixent** a la sombra de un monte. Su iglesia de San Pedro Apóstol, de estilo neogótico italiano, está decorada con motivos del gótico cisterciense y tiene algunas obras de interés. Sin embargo, el orgullo de Moixent es un tesoro arqueológico de primer orden, cuyo prólogo puede degustarse en el Museo Histórico de la Villa de Moixent. A unos nueve kilómetros, claramente señalizado entre altibajos y curvas, se encuentra el poblado ibérico de La Bastida de les Alcuses (MN), en la cumbre de un alargado cerro. En el siglo IV a. C. fue una de las ciudades más importantes de la zona, resultando violentamente destruida hacia el 325 a. C. De aquí procede el famoso exvoto conocido como *El guerrero de Moixent* (Museo de Prehistoria de Valencia). Quedan restos de las murallas, de las puertas de entrada y cimientos de numerosas casas distribuidas en un urbanismo complejo, comprensible por las explicaciones de un guía. El aislamiento, el panorama que se divisa y el silencio lo convierten en un lugar mágico desde el que trasladarse imaginariamente a un tiempo poco conocido pero fascinante.

### Escapada a la comarca de La Canal de Navarrés

Desde Xàtiva, Canals o Montesa, tomando la CV-590 se penetra muy rápidamente en la comarca de la **Canal de Navarrés**. Entre la Sierra de Enguera, los

## LA COSTERA EN FIESTAS

El calendario festivo de esta comarca se abre con la monumental y vigorosa hoguera que arde ante la iglesia de Canals, el 17 de enero, en honor de su patrón San Antonio Abad. Las fallas toman Xàtiva en marzo y más avanzado el año, entre el 15 y el 20 de agosto, celebra su tradicional y famosa Fira d'Agost. Las coloristas fiestas de moros y cristianos tienen lugar durante la segunda semana de septiembre en Vallada y del 4 al 9 de diciembre en La Font de la Figuera. Uno de los atractivos de todas estas fiestas es el disfrute de su rica gastronomía.

## Monumentos y museos

### MONUMENTOS NACIONALES (MN)

Casco antiguo (Xàtiva); Iglesia del convento de San Francisco (Xàtiva); Palacio de Alarcón (Xàtiva); Hospital Real (Xàtiva); Iglesia Arciprestal de Santa María (Xàtiva); Ermita de Sant Feliu (Xàtiva); Iglesia del antiguo Convento de Sant Doménech (Xàtiva); Museo del Almudín (Xàtiva); Castillo (Xàtiva); Castillo de Montesa; La Bastida de les Alcuses (Moixent). Pinturas rupestres: Patrimonio de la Humanidad desde 1998.

### MONUMENTOS

**• Xàtiva**
**Museu de L´Almodí.**
Corretgería, 46
✆ 962 276 597
🕐 Martes a viernes de 10 a 14 y de 16 a 18 h; del 15 de Junio al 15 de septiembre, martes a viernes de 9:30 a 14:30 h. Sábado y domingo de 10 a 14 h.

**Ermita de Sant Feliu**
Ctra. del Castell, s/n
✆ 962 274 468
🕐 De octubre a marzo, de martes a sábado de 10 a 13 y de 15 a 18 h; de abril a septiembre, martes a sábado de 10 a 13 y de 16 a 19 h. Domingos y festivos de 10 a 13 h.

**Colegiata Basílica de Santa María**
Pl. Calixto III, s/n
✆ 962 273 836 🕐 Lunes a domingo de 10:30 a 13 h.

**Castillo**
Subida al castillo, s/n
✆ 962 274 274
🕐 De marzo a octubre: martes a domingo de 10 a 19 h. De octubre a marzo: martes a domingo de 10 a 18 h.

**• Montesa**
**Colección Museográfica de la Parroquia de l´Assumpció**
Santa Bárbara, 6
✆ 962 299 075
🕐 Concertar visita.

**Castillo**
Es de acceso libre, previa solicitud. Más información en el Ayuntamiento de Montesa en horario de oficina. ✆ 962 299 002.

**• Enguera**
**Colección Museográfica permanente Casa de la Cultura de Enguera**
Pl. Manuel Tolsa, s/n
✆ 962 225 524 y 992 225 141
🕐 Lunes a viernes de 9 a 14 y de 16 a 20 h. Sábados y domingos: concertar visita.

*Cueva de la Araña*

macizos del Caroig y la Muela de Cortes, salpicada de bosques de encinas, fresnos y pinares, lentiscos y coscojos, la naturaleza permanece prácticamente inalterada. Conserva así la riqueza paisajística que vio nacer, en los numerosos abrigos y cuevas emplazadas en sus escarpadas montañas, algunas de las muestras más características del arte rupestre levantino, una riqueza tan singular que 35 de sus yacimientos fueron declarados **Patrimonio de la Humanidad** en 1998. Este patrimonio se gestiona desde el Ecomuseo y el Parque Cultural de La Canal de Navarrés ubicado en **Bicorp**, donde se proporciona información y servicios de guías. En su término municipal se encuentra la **Cueva de la**

*Albufereta de Anna*

*Dos aspectos de la Sierra de Enguera*

**Araña**, universalmente conocida por la escena de una mujer recolectando miel. **Quesa** cuenta con uno de los parajes más hermosos, Los Charcos, una sucesión de cascadas y remansos dotados con un área recreativa y de acampada, perfectamente señalizado y a unos siete kilómetros del núcleo urbano. Desde allí nace la senda que lleva al Abrigo del Voro, con pinturas rupestres. **Navarrés** nos ofrece, junto a su barroca iglesia de la Asunción y el museo parroquial, un importante yacimiento arqueológico, la Ereta del Pedregal. En la localidad de **Anna** se encuentra la Iglesia parroquial de la Inmaculada

(siglo XVII) e interesantes restos del palacio de los condes de Cervelló. Son recomendables los parajes de La Albufera, cuya belleza es muy celebrada y de la Fuente Negra, un manantial rodeado de sauces y un estanque apto para el baño. **Enguera**, la localidad más grande de la comarca, cuenta con la iglesia parroquial de San Miguel Arcángel, de estilo tardorenacentista herreriano, el Museo arqueológico ubicado en el convento de Carmelitas y el Centro de Interpretación Medioambiental de ADENE, donde se ofrece información sobre rutas por la **Sierra de Enguera**, de rica y abundante fauna y flora, así como fuentes y manantiales inolvidables, como los de la Peña Roya, Río Grande o la Fuente Huesca, además de una ruta para conocer de los curiosos cucos (siglo XIX), cabañas de piedra que servían de refugio a los pastores.

## Restaurantes

**• Xàtiva**
**Casa la Abuela**
C/ Reina, 17
✆ 962 281 085

**Hostería Mont Sant**
C/ Subida al Castillo, s/n
✆ 962 275 081

## Más información

**OFICINAS DE INFORMACIÓN TURÍSTICA**

**Tourist Info Xàtiva**
Albereda Jaume I, 50
✆ 962 273 346
🕐 De martes a viernes de 10 a 13:30 y de 16 a 18 h; sábados y domingos de 10 a 13:30 h.

**Ayuntamiento de Anna**
Plaza de la Constitución, 1
✆ 962 210 136
🕐 De lunes a viernes de 8 a 15 h.

## Alojamientos

**• Xàtiva**
**H\*\*\*\* Mont Sant**
Ctra. del Castillo, s/n
✆ 962 275 081

**H\*\*\* Huerto de la Virgen de las Nieves**
Avda. de la Rivera, 6
✆ 962 287 058
www.huertodelavirgen delasnieves.com

**HR\*\* Vernisa**
C/ Académico Maravall, 1
✆ 962 271 011

**• Enguera**
**H\*\*\* Fuentelucena**
Ctra. Gandia-Ayora, km 51. ✆ 962 226 090
www.hotelfuentelucena. com

**Camping La Pinada.** Carretera de Ayora, s/n (Paraje piscina municipal)
✆ 962 224 503

**• Anna**
**HR\* El Gallego**
C/ Mayor, 181-183
✆ 962 210 573

**Camping Albufera de Anna**
✆ 962 210 563
www.paralelo40.org/ campinganna.

**• Quesa**
**Zona de acampada de Río Grande**
✆ 679 480 374

## RUTA PROVINCIAL 6. DE CAMINO A REQUENA

Proponemos un recorrido por la depresión central de la provincia conocida como La Hoya de Buñol, llegar a la comarca de Utiel-Requena y concluir con una escapada al Valle de Ayora, todas ellas tierras fronterizas con Castilla en algún momento. De hecho, la comarca de Utiel-Requena fue castellana hasta que se incorporó voluntariamente al antiguo Reino de Valencia en 1851, desplazando los límites provinciales hacia el norte y el oeste. Son comarcas extensas, ricas en espacios naturales, escenario de luchas seculares por el control del territorio: no en vano La Hoya era la puerta de entrada de Castilla a Valencia.

En **Cheste**, la primera parada si circulamos por la A-3 desde Valencia a Madrid, dos importantes construcciones generan, cada una a su modo, intensas emociones. La primera, visible desde la autovía, es el Circuito de Velocidad Ricardo Tormo, es-

### FIESTAS GASTRONÓMICAS

La oferta gastronómica de la comarca Utiel-Requena aúna lo mejor de las tradiciones castellanas y valencianas, coexistiendo la paella con el gazpacho manchego, el potaje o las gachas. Son famosos los embutidos elaborados con métodos tradicionales, que cuentan con un Consejo Regulador del Embutido y dos fechas señaladas: el segundo fin de semana de febrero se celebra en Requena la **Muestra del Embutido Artesano y de Calidad,** en el que pueden degustarse sus especialidades junto con otros platos de la gastronomía local; el último fin de semana de octubre tiene lugar la feria **Utiel Gastronómica,** para disfrutar del embutido y las tortas magras, el ajoarriero o los alajús. Todo ello regado, claro está, con los excelentes vinos de la tierra.

1. *Cheste. Templo parroquial de San Lucas Evangelista.*
2. *Cheste. Circuito de velocidad.*

cenario de carreras de motociclismo en el cual se integran los restos de unas termas romanas halladas durante su construcción; el segundo es la iglesia de San Lucas (MN), de majestuosa y solemne fachada pétrea con un campanario que rivaliza en altura con el Micalet. En su interior destacan los vistosos retablos neobarrocos, el transagrario de estilo rococó y las portadas churriguerescas de la sacristía y la Capilla de la Comunión, lo que unido a sus dimensiones, valor artístico y excelente estado de conservación, confieren a este templo una importancia arquitectónica de primer orden. A corta distancia, **Chiva**

Buñol. Vista panorámica (a la izquierda) y
Aula de la Naturaleza
de Las Moratillas (arriba).

conserva en la iglesia de San Juan Bautista
(1731-1781) numerosas pinturas de José
Vergara y un valioso crucifijo del siglo XVI.

El castillo (siglo XIII) de **Buñol** contro-
laba el Paso de las Cabrillas y por él pasaron algunos personajes ilustres, como
Francisco I de Francia de camino a Madrid
tras su derrota en Pavía (1525). Un pequeño Museo Arqueológico Municipal se encuentra dentro del recinto amurallado, la
mayor parte de cuyo espacio está ocupado por viviendas desde 1836. En la plaza
del Pueblo se encuentra la iglesia de los
Santos Apóstoles Pedro y Pablo, construida a finales del siglo XVIII, en la que destacan la Capilla de la Comunión y la cúpula,
decorada al estilo del Panteón de Roma.
Los amantes de la naturaleza tienen la
oportunidad de disfrutar de El Fresnal,
uno de los espacios naturales más interesantes de la Comunidad Valenciana desde
el punto de vista botánico y biológico,
que se halla a 20 kilómetros de la población y para llegar al cual es conveniente
preguntar en la Oficina de Información
Turística. Se accede a él por el sendero de
pequeño recorrido PRV-190, que también
conduce a la Nevera, el pico más elevado

## UNA FIESTA SINGULAR

El último miércoles del mes de agosto se celebra en Buñol una de las fiestas más populares y famosas
de la Comunidad Valenciana, tan singular que la retransmiten en directo televisiones de todo el
mundo. Se trata de **la tomatina,** una batalla callejera en la que los combatientes se arrojan como
proyectiles más de un centenar de toneladas de tomates.

de la comarca (1.118 metros). De vuelta a la A-3, pronto encontramos la desviación a **Siete Aguas**, famosa por las más de cien fuentes que brotan en su término municipal. Destaca, en el centro de la población, la Fuente de los Siete Caños cuyas aguas tienen propiedades medicinales. Visitarla es un excelente pretexto para pasear por el casco antiguo, de fuerte sabor popular e interés arquitectónico, apreciable en el callejón del Cerrito, en la calle del Morenillo y en la plaza principal.

Sin abandonar la A-3 penetramos en la comarca de Utiel-Requena, extendida sobre un altiplano cuya altitud oscila entre los 600 y los 900 metros. Este paisaje surcado de viñedos contra un fondo de grises sierras que se pierden en el horizonte, cambió radicalmente de color a finales del siglo XIX, cuando el cultivo de la vid sustituyó al de los cereales. Un breve desvío nos conduce a **Requena**, que alcanzó el título de ciudad en 1836 por el arrojo y valentía que mostraron sus vecinos ante el avance de las tropas carlistas. Pocos lugares de España pueden afirmar que el corazón de su casco antiguo, encaramado a un promontorio rocoso que le proporciona de manera natural una excelente posición defensiva, mantiene casi íntegro el trazado y la fisonomía de la época medieval.

El Barrio de la Villa, monumento histórico-artístico nacional desde 1966, es una joya que merece una visita pausada. Sus callejuelas de casas apiñadas sin orden aparente, nos remiten a su importante pasado árabe. A mediados del siglo X se la conocía con el nombre de Rakkana, que significa «la fuerte, la segura», adjetivos que aún le son aplicables si consideramos la escasez de núcleos medievales que se han salvado de la destrucción y el abandono. Antes de subir la rampa que da acceso al recinto amurallado, conviene detenerse en la adyacente Oficina de Información Turística para obtener planos y actualizar horarios. Lo primero que llama nuestra atención es la torre del Homenaje del antiguo castillo árabe. Edificado en el siglo X, de la construcción original resta un lienzo de la muralla y la citada torre, reconstruida en el XV por los conquistadores castellanos. Cumplió funciones de vigilancia y prisión y su interior es un conjunto de oscuras estancias comunicadas por estrechos corredores. La segunda y tercera planta se dedican al Museo de la Fiesta de la Vendimia, abierto sólo durante esas fiestas. Tanto la torre como la Alcazaba o antigua residencia del califa, están siendo rehabilitadas. La plaza del Castillo, antiguo patio de armas situado junto a ella, marca el acceso a la medina o ciudad islámica. Cruzando esta plaza y girando a la derecha hacia la plaza del Pozo, encontramos la casa de Arte Mayor de la Seda, edificio gremial de los sederos que llegaron a contar con una potentísima industria de 800 telares en el siglo XVIII, cuando en Requena se cultivaban moreras. A la izquierda se inicia la Cuesta de las

*Requena. Portada de la iglesia de Santa María.*

*Parque en Siete Aguas*

**DERECHO DE ASILO**

La **casa de los Pedrón** de Requena sirvió de hospedaje real en varias ocasiones: en 1599 y 1603 alojó a Felipe III y en 1632 a Felipe IV, que presenció allí mismo una corrida de toros. El rey, complacido por el trato dispensado, otorgó *derecho de asilo* a la casa de don Juan Pedrón. En una de sus esquinas aún es visible la gárgola con cabeza de felino de la que colgaba una larga cadena: el perseguido que lograra asirse a ella, quedaba a salvo de la ley.

*Requena. Cueva del Cristo.*

Carnicerías, junto a la Capilla de San Julián (1639) y una puerta abierta en el siglo XV que nos conduciría fuera del barrio de la Vila. Se deja la calle de Santa María, de la que más tarde hablaremos, para buscar la plaza del Salvador y uno de los edificios emblemáticos de la Vila, la iglesia de El Salvador (MN). Su espectacular portada, en estilo gótico florido isabelino, está formada por una puerta abocinada con tres columnas a cada lado y esculturas de los apóstoles en los laterales. Datado en el siglo XV, en el XVIII se remodeló en estilo barroco y se edificó la torre campanario. Frente a él se encuentra la sencilla y hospitalaria casa de los Pedrón.

El corazón del Barrio de la Villa lo ocupa la plaza de Albornoz. La original era de reducidas dimensiones, siendo ampliada en el siglo XV a raíz de un incendio que destruyó las casas adyacentes. Hoy ofrece un aspecto magnífico, ya que a su alrededor se han instalado numerosos restaurantes y hoteles en los que, además de pernoctar en un lugar privilegiado, se puede degustar la rica gastronomía requenense. Desde aquí podemos iniciar el recorrido guiado, de algo más de treinta minutos, por las **Cuevas subterráneas de la villa**. Realizadas entre los siglos VIII al XI, pertenecieron originalmente a las casas que formaron la plaza primitiva y no estaban comunicadas entre sí. A lo largo de los siglos cumplieron diversas funciones, como las de refugio, bodega, silo, osario… Al término de la visita y mientras asimilamos esta inusual experiencia, paseamos por la calle de la Cárcel, donde están la Cárcel y la Casa del Corregidor –alcalde nombrado por el rey–, la calle del Cristo con la Cueva del Cristo y, por último, la calle Poblete, arribando por ella a la plaza de la Jarra, donde estaba la judería, zoco y centro neurálgico del comercio al calor de las casas de gremios y oficios que la rodeaban.

Traspasamos los límites de la antigua muralla para llegar al Arrabal de San Nicolás a través de la Puerta y Cuesta del Santo Ángel, orientada hacia Albacete y Toledo, uno de los enclaves más pintorescos de la Villa. Allí se encuentra el Museo de Arte Contemporáneo Florencio de la Fuente cuyas colecciones integran obras de Miró, Dalí, Tàpies, Rueda, Mompó, Torner y Miquel Navarro, entremezcladas con las de jóvenes valores del panorama artístico español. En la calle Somera alza sus góticos muros una bella casona del siglo XV llamada palacio del Cid ya que, según parece, en el edificio anterior habitó el Cid y en él concertó con el rey castellano Alfonso VI las bodas de sus hijas con los indignos Infantes de Carrión. Testimonio del apoyo de Requena a la causa de Felipe V en la Guerra de Sucesión es la vecina iglesia de San Nicolás, en la actualidad sin culto, construida en el siglo XIII y remodelada en estilo gótico, cuya portada original fue destruida en un bombardeo en 1706 y reedificada en estilo neoclásico. Algunos restos de la antigua muralla medieval que separaba el Arrabal de San Nicolás de la ciudad árabe se conservan junto a la Puerta de Fargalla, por la que reentramos a la medina y a su arteria principal, la calle de Santa María. Conquistada la ciudad en fecha incierta, seguramente rendida sin lucha tras la caída de Valencia (1238) en manos de Jaume I, en 1273 este la cedió a Castilla, de cuyo Reino entró a formar parte. Por orden de Alfonso X el Sabio, treinta de sus caballeros se asentaron en ella y construyeron en esta calle sus casonas, de las que pueden apreciarse los portales adovelados, sus originales puertas y rejas, y los numerosos y variados blasones. Esta estrecha y alargada calle, espina dorsal del Barrio de la Villa, completa su interés con la Casa de Santa Teresa –sede del Archivo Municipal y otros servicios culturales– donde se dice que se hospedó la santa y, sobre todo, con la monumental iglesia de Santa María (MN), obra del siglo XV cuya portada de estilo gótico florido isabelino, protegida secularmente de la lluvia y la nieve por un alero de madera del XVI, impresiona por su majestuosidad y belleza. El interior, de una sola nave con capillas entre los contrafuertes, fue remodelado en estilo barroco en 1730 y ha sido recientemente restaurado y adaptado a su nueva función de sala de exposiciones y conciertos.

Abandonamos Requena y, de nuevo en la A-3, nos dirigimos a **Utiel**, de origen islámico, adscrita a la Corona de Castilla desde su conquista en 1238 hasta su integración en el antiguo Reino de Valencia a finales del siglo XIX. La fiel, constante y generosa ayuda que prestó a las empresas reales castellanas le valió el título de ciudad otorgado

*1. Utiel. Santuario de la Virgen del Remedio.*
*2. Utiel. Plaza de Toros.*

### DEFENSA DE REQUENA

Durante la Primera Guerra Carlista, el coronel don José Ruiz de Albornoz (1780-1836), dirigió la heroica defensa de Requena (1836) frente a las tropas carlistas del general Cabrera. Este confiaba tomarla con facilidad, tras haber entrado en Utiel con más de mil doscientos hombres, pero halló una tenaz resistencia. Ruiz Albornoz, jefe del cantón militar, pese a contar sólo con 150 fusiles, defendió el terreno palmo a palmo con los vecinos de la villa, mientras las mujeres y los niños abrían zanjas y formaban barricadas. Cabrera hubo de retirarse mientras llegaban a Requena refuerzos de otras milicias urbanas. Por ello le fue concedido el título de *Muy noble, leal y fidelísima ciudad de Requena.*

por Felipe IV en 1645. De tradición cerealista y ganadera, en la segunda mitad del siglo XIX comenzó a desarrollar la actividad viticultora, mayoritaria a partir de 1885, cuando la línea ferroviaria Utiel-Valencia revolucionó e impulsó definitivamente esta actividad. Desde el año 1857, en la segunda semana de septiembre se celebra la Feria Anual del Vino.

Desde la ajardinada plaza del Ayuntamiento iniciamos un recorrido cuya primera parada es la iglesia de la Asunción, comenzada en 1524. En el exterior destacan dos bellas portadas y el tetraédrico campanario (1589), mientras el interior resulta imponente por las grandes proporciones de su única nave de fábrica gótica. El ayuntamiento (1788), de sobria fachada neoclásica, fue sufragado por los

habitantes de la ciudad según se encarga de recordar una inscripción. Por la calle Doctor Gómez-Ferrer se llega al templo y convento de la Merced, edificado en 1635 y desamortizado en 1835, con una gran nave central y cúpula blanquiazul. En dirección opuesta, en la plaza de las Escuelas Pías, se halla el hospicio y convento de los Franciscanos (1751) similar al de la Merced aunque de menores dimensiones y, muy cerca, el paseo de la Alameda (1864), uno de los espacios más agrada-

*1 y 2. Fauna del Valle de Ayora-Cofrentes. Zorro y jabalí.*

## Escapada al Valle de Ayora-Cofrentes

Al Valle de Ayora se accede desde la comarca de Utiel-Requena por la N-330. Histórica zona fronteriza jalonada de castillos que defendían el Reino de Valencia desde que, en 1305, se integró definitivamente en él, la abundancia de ríos que lo recorren y su escarpada orografía, modelan un paisaje de barrancos, montañas y vallecillos dignos de ser vistos. Jabalíes, liebres, muflones y cabras hispánicas, perdices rojas, cárabos y águilas habitan entre una variada y abundante vegetación me-

bles y emblemáticos de Utiel. Desde la anterior plaza, la calle Dos de Mayo conduce a la Plaza de Toros que, inaugurada en 1858, es una de las más antiguas de la Comunidad Valenciana y tiene un aforo de 10.000 espectadores. Frente a la estación del ferrocarril, la antigua Bodega Redonda (1891) acoje el Museo de la Vid y del Vino de la Comunidad Valenciana.

*Vista de Cofrentes*

## VINOS DE CALIDAD

Bajo la Denominación de Origen Utiel-Requena, los vinos de esta comarca resultan indispensables en la bodega de cualquier amante del vino. Puede comprobarse en dos importantes eventos anuales: la **Feria Requenense del Vino (FEREVIN)** durante el último fin de semana de agosto o principios de septiembre y el **Pabellón del Vino de Utiel**, que se instala durante las fiestas patronales en honor de la Virgen del Remedio, del 6 al 15 de septiembre. En esta última ciudad, en una bodega datada en 1891, se encuentra el Museo de la Vid y del Vino de la Comunidad Valenciana, interesante para conocer el proceso de elaboración del vino y disfrutar de una amplia exposición de caldos de toda España.

diterránea con pinares, enebros, coscojos y madroños. El recorrido que proponemos, de norte a sur, comienza en la montañosa **Cofrentes** –de origen romano y significativa impronta árabe– donde, además de disfrutar de las aguas terapéuticas del Balneario de los Hervideros, pueden practicarse numerosos deportes acuáticos y de montaña por su ubicación junto al **embalse de Embarcaderos**. El Mirador del Chulo, situado en la calle de Las Eras (direc-

1. *Teresa de Cofrentes*
2. *Vista de Zarra*

ción Requena) ofrece unas vistas incomparables incluido el volcán de Cerro Agrás, uno de los afloramientos volcánicos más importantes de la Comunidad Valenciana. La visita al volcán, a unos ocho kilómetros de Cofrentes, es algo confusa, por lo que conviene preguntar a las gentes de la zona. Al norte de la población, en la cima de un cerro, el castillo conserva la torre del homenaje y parte de la puerta de entrada.

## Monumentos y museos

### MONUMENTOS NACIONALES (MN)

Iglesia de San Lucas, de Cheste; Barrio de la Villa, de Requena; Iglesia arciprestal de El Salvador de Requena; Iglesia de santa María de Requena; Poblado ibérico del Castellar de Meca (Ayora).

### MONUMENTOS

**• Buñol**
**Colección Museográfica permanente de Buñol**
Pl. Castillo, s/n
✆ 962 500 151
(Ayuntamiento de Buñol)
🕐 Concertar visitas.

**• Requena**
**Museo Municipal**
C/ del Carmen, s/n
✆ 962 301 200
🕐 Martes a domingo de 11 a 14 h.

**Museo de Arte Contemporáneo Florencio de la Fuente**
C/ Cuesta del Ángel, 2
✆ 962 303 032
🕐 Martes a sábado de 11 a 14 y de 17:30 a 21 h. Domingos de 11 a 14 h (sólo con exposiciones).

**Cuevas de la Villa**
Pl. de Albornoz
🕐 Viernes, sábados y domingos, visitas guiadas a las, 16:15, 17 y 18 h; martes, miércoles y jueves, visitas guiadas a las 11, 12 y 13 h.

**Iglesia de Santa María**
C/ Santa María
🕐 Cerrada al culto, su horario de visita varía a lo largo del año, según actividades programadas.

**Parque de la Naturaleza Fauna Ibérica**
Carretera A-3 Valencia-Requena, salida 297 (El Rebollar)
✆ 962 138 076
🕐 Lunes a domingo de 10 a 17 h (hasta las 20 h de abril a octubre).

**• Utiel**
**Museo de la Vid y del Vino de la Comunidad Valenciana**
C/ Sevilla, 12
✆ 962 171 062
🕐 De lunes a viernes de 9 a 14 h.

*Macizo de Caroig*

Desde él se contempla un hermoso panorama.

El siguiente castillo que surge en el horizonte es el de **Jalance**, donde hay una Oficina de Información Turística. En el Ayuntamiento se conciertan las visitas a la Cueva de Don Juan, situada a unos doce kilómetros del municipio, en la que podemos penetrar entre estalagtitas y estalagmitas unos cuatrocientos metros. A cuatro kilómetros de allí el espacio natural conocido como **El Moragete** ofrece magníficas vistas y cuenta con un Aula de la Naturaleza y una zona de acampada y descanso. De nuevo en la N-330, el torreón cilíndrico del castillo de **Jarafuel** anuncia la llegada a este municipio, celebrado por la fabricación artesanal de bastones y diferentes aperos de labranza con madera de almez, un árbol propio de allí. Los municipios de **Teresa de Confrentes** y **Zarra** cuentan con interesantes iglesias. En el primero, en cuyo término municipal comienza el **macizo de El Caroig**, la iglesia de Santa Catalina Mártir, edificada en 1689, conserva cuatro columnas salomónicas y algunas reliquias de época romana; en el segundo, la iglesia de Santa Ana tiene la particularidad de poseer uno de los pocos campanarios exentos de la Comunidad Valenciana.

Más de la mitad de la población del Valle se concentra

en **Ayora**. En el centro de la villa y dominando el paisaje se encuentra el palacio-fortaleza del duque del Infantado, de cuya magnificencia queda poco y en estado ruinoso, ya que fue destruido en 1707 por las tropas del futuro Felipe V al apoyar Ayora al Archiduque Carlos. Se ha conservado la monumental puerta de entrada al palacio del siglo XVI. La iglesia de Nuestra Señora la Mayor, también conocida como Santa María la Antigua, se erigió en el siglo XV sobre una antigua mezquita, pero las sucesivas remodelaciones impiden adscribirla a un estilo concreto. Destacan en su interior las capillas laterales y el reta-

blo barroco de madera policromada. A la plaza de la Fuente recae la iglesia de la Asunción, iniciada en 1508, con fachada principal renacentista. De planta de cruz latina y bóveda de cañón, es muy apreciable su decoración barroca y los valiosos retablos renacentistas de Yáñez de la Almedina, discípulo de Leonardo Da Vinci y autor del retablo mayor de la catedral de Valencia. En los alrededores de Ayora están la Cueva del Abrigo del Sordo, con pinturas rupestres, y el **Poblado ibérico del Castellar de Meca** (MN), para visitar los cuales es preciso contar con información y ayuda local.

*Castillo de Ayora*

## Alojamientos

• *Chiva*
**H\*\*\* La Carreta**
Autovía A3 (Valencia-Madrid), salida 334
📞 961 805 400
www.hotel-lacarreta.com

• *Requena*
**H\*\* Sol II**
Autovía Madrid-Valencia, km. 285 📞 962 300 058

**H\* Casa Doña Anita**
Pl. Albornoz,15
📞 962 320 676

**HR\* Avenida**
C/ San Agustín, 10
📞 962 300 480

• *Utiel*
**H\*\*\* El Tollo**
Alto San Agustín, s/n
📞 962 170 231

• *Cofrentes*
**H\*\*\* Hervideros de Cofrentes**
Carretera Balneario, s/n
📞 961 894 025
www.balneario.com

• *Jarafuel*
**Camping Las Jaras**
C/ Castilla, s/n
📞 961 899 084

## Restaurantes

• *Buñol*
**La Venta de L'Home**
Autovía Madrid-Valencia, salida km. 306 (sentido Valencia) y salida km. 311 (sentido Madrid). Seguir indicadores «Casa de postas siglo XVIII» y «Ventamina».
📞 962 503 515

• *Chiva*
**La Orza**
Av. Dr. Corachán,s/n
📞 962 522 194 y 962 521 513

• *Requena*
**Restaurante Mesón Fortaleza**
Plaza del Castillo, 3
📞 962 305 208

**Mesón del Vino**
Avda. Arrabal, 11
📞 962 300 001

• *Utiel*
**El Carro**
C/ Héroes del Tollo, 21
📞 962 171 131

## Más información

### OFICINAS DE INFORMACIÓN TURÍSTICA

**Tourist Info Requena**
C/ García Montés, s/n
📞 962 303 851
🕐 De martes a domingo de 9:30 a 14 h; viernes y sábados tarde de 16 a 19 h (de 17 a 20 h del 15 de junio a 15 de septiembre).

**Información Turística Buñol**
Ayuntamiento
📞 962 500 151

**Información Turística Chiva**
Ayuntamiento
📞 962 520 006

**Tourist Info Jalance**
C/ Tánger, 2
📞 961 897 171
🕐 De miércoles a domingos, de 9:45 a 13:45 h.